NOUVEAUX CLASSIQUES LAROUSSE

Collection fondée en 1933 par
FÉLIX GUIRAND

continuée par
LÉON LEJEALLE (1949 à 1968) et **JEAN-POL CAPUT (1969 à 1972)**
Agrégés des Lettres

POÉSIES CHOISIES
DE FRANÇOIS VILLON

Librairie Larousse (Canada) limitée, propriétaire pour le Canada des droits d'auteur et des marques de commerce Larousse. – Distributeur exclusif au Canada : les Éditions Françaises Inc., licencié quant aux droits d'auteur et usager inscrit des marques pour le Canada.

DÉCEMBRE.

Miniature provenant des Heures de la duchesse de Bourgogne.
Chantilly, musée Condé.

Phot. Giraudon.

FRANÇOIS VILLON

POÉSIES CHOISIES

Choix de textes, accompagnés d'un Commentaire philologique,
grammatical et stylistique, d'une Notice historique et littéraire,
d'une Documentation thématique, de Jugements,
de Sujets de devoirs, de Notes explicatives
et d'un Questionnaire

par

MARCEL DESPORTES

Agrégé des Lettres classiques

LIBRAIRIE LAROUSSE

17, rue du Montparnasse, et boulevard Raspail, 114
Succursale : 58, rue des Écoles (Sorbonne)

RÉSUMÉ CHRONOLOGIQUE
DE LA VIE DE VILLON

1431 — **Naissance à Paris de François de Montcorbier,** autrement dit **des Loges.** Il est de bonne heure orphelin de père.

Vers **1438 (?)** — Il bénéficie de la protection de maître Guillaume de Villon, dont il prendra le nom, chanoine de Saint-Benoît-le-Bétourné, église vassale de Notre-Dame, dans le quartier de la Sorbonne et au voisinage immédiat de la porte Saint-Jacques. Le chanoine mourra en 1468. A chacun de ses séjours ultérieurs à Paris, Villon logera au cloître Saint-Benoît.

1443 — François de Montcorbier est inscrit sur les registres de la nation de France à la faculté des arts de l'université de Paris.

1449 — Il est reçu bachelier.

1452 — Il est **reçu** successivement **licencié et maître ès arts,** s'inscrit peut-être à la faculté de décret, ou droit canon, où son protecteur enseigne. Ainsi il pourra se donner longtemps encore comme « écolier ». Troubles graves de l'université, dont Villon se serait fait le poète héroï-comique.

Avant **1455 (?)** — Sous le pseudonyme de Vaillant, Villon aurait écrit un pamphlet, l'*Embûche Vaillant,* où il révèle les amours de Catherine de Vausselles (?), sa maîtresse (?), notamment avec Philippe Sermoise, prêtre, dont il se serait ainsi attiré la rancune.

1455 — Villon blesse d'un coup de dague Philippe Sermoise (2 juin). Le prêtre meurt quelques jours plus tard. Le poète **quitte précipitamment Paris** et se dirige vers l'Anjou, où la famille de sa mère compte encore quelques parents. Il commet peut-être deux cambriolages en octobre.

1456 — Sous les noms respectifs de Montcorbier et de des Loges, Villon obtient deux lettres de rémission, ou de grâce, qui l'amnistent du meurtre de Sermoise, mort, disent-elles, et pardonnant (janvier). Le poète rentre à Paris. La nuit de Noël, Villon s'introduit au collège de Navarre avec cinq compagnons, qui dérobent 500 écus d'or pendant qu'il fait le guet. Ils veulent forcer une seconde armoire, qui contenait en fait 2 000 écus d'or, mais le poète les en empêche. Il compose le *Lais* et s'éclipse de nouveau en direction d'Angers.

1457 — Les auteurs du vol sont connus (mai). Villon ne peut rentrer à Paris.

1458 — Séjour de Villon à la cour de Blois, auprès de Charles d'Orléans. *Ballade du concours.*

1461 — Villon passe l'été tout entier dans la tour Manassé, à Meung-sur-Loire, qui sert de prison à l'évêque d'Orléans, Thibaut d'Aussigny. Villon multiplie en vain les lettres d'appel à l'officialité de Paris; *Épistre a ses amis.* L'entrée du nouveau roi, Louis XI, le délivre au début d'octobre. En automne, il rentre à Paris par Moulins; *Requeste a Mons. le duc de Bourbon.* Il se cache on ne sait en quel coin de la capitale ou de la banlieue : c'est ainsi qu'il rédige certains passages du *Testament,* qui sera terminé en 1461, c'est-à-dire, selon notre style, avant Pâques 1462.

© Librairie Larousse, 1973.   ISBN 2-03-034958-5

1461 — Entre-temps, incarcéré pour vol au Châtelet, il doit aussi répondre du vol de Navarre : il s'engage à rembourser sa « part » de 120 écus d'or (novembre). Huit jours plus tard il est libre.

1462 — Villon est de nouveau incarcéré pour avoir assisté à une rixe nocturne, rue Saint-Jacques, entre trois de ses compagnons et les clercs de maître Ferrebouc, notaire pontifical (novembre). Il subit au Châtelet la question de l'eau : il sera « pendu et étranglé »; *Ballade des pendus*. Il fait appel, et le parlement le gracie.

1463 — La peine est commuée en dix ans de bannissement de la ville, prévôté et vicomté de Paris (5 janvier); *Louenge a la court, Question au clerc du guichet*. Après cette date, on perd la trace du poète.

Villon avait trente-sept ans de moins que Charles d'Orléans, quatorze ans de plus que Commynes. Il disparaît juste une génération avant la naissance de Marot.

FRANÇOIS VILLON ET SON TEMPS DE 1431 À 1458

	la vie et l'œuvre de Villon	le mouvement intellectuel et artistique	les événements historiques
1431	Naissance à Paris de François de Montcorbier, dit des Loges. Son père meurt quand il est encore très jeune.	Date approximative de la mort de Christine de Pisan, qui avait écrit le *Ditié de Jeanne d'Arc*; vers la même époque meurt Alain Chartier, le plus grand écrivain de son temps. Jean Van Eyck : *Retable de l'Agneau*.	Procès et supplice de Jeanne d'Arc à Rouen. La situation de Charles VII, sacré à Reims en 1429, reste toujours très périlleuse en face des Anglais et des Bourguignons. Henri VI d'Angleterre est sacré à Paris en décembre 1431. Concile de Bâle (condamnation de la fête des Fous).
1438	Maître Guillaume de Villon, à qui il empruntera son nom, un des chanoines les plus en vue de Saint-Benoît-le-Bétourné, église sujette de Notre-Dame, du quartier de la Sorbonne, se charge de son éducation et de ses études. Villon logera toujours chez lui lors de ses séjours à Paris. G. de Villon est professeur de décret, ou droit canon.	En captivité depuis 1415 en Angleterre, Charles d'Orléans compose chansons et ballades. Début de la construction de Saint-Maclou à Rouen (gothique flamboyant). La façade de Saint-Germain-l'Auxerrois à Paris est terminée.	La situation militaire de Charles VII s'améliore depuis 1435 (traité d'Arras avec les Bourguignons). Paris et une partie de la Normandie sont libérés de la domination anglaise, mais la disette et la peste font des ravages. Gilles de Rais est exécuté à Nantes (1440).
1449	Inscrit depuis 1443, sous le nom de Montcorbier, sur les registres de la nation de France, à la faculté des arts de l'université de Paris.	Charles d'Orléans, ayant abandonné ses intrigues politiques, vit à Blois au milieu d'une cour de lettrés. Jean Fouquet : *Livre d'heures* d'Étienne Chevalier. Roger Van der Weyden : le *Jugement dernier* (Beaune).	Après une trêve de cinq ans, reprise des hostilités entre Charles VII et les Anglais : reconquête de la Normandie.

1452	Il est reçu licencié (mai) et maître ès arts (août). Troubles graves de l'université. Villon y prend part et s'en fait peut-être le chantre héroïcomique. S'inscrit peut-être à la faculté de décret, appartient peut-être à la Basoche, dont il deviendrait vite le blasonneur attitré.	Arnoul Gréban : *Mystère de la Passion*. Construction du chœur de l'abbaye du Mont-Saint-Michel. Réforme de l'université de Paris par le cardinal d'Estouteville.	Jacques Cœur, soupçonné de malversations, est en état d'arrestation. Progrès des armées françaises en Guyenne et en Normandie.
1455	Provoqué (juin) par Ph. Sermoise, prêtre, son rival auprès de Catherine (?), qu'il aurait malmené dans l'*Embûche Vaillant*, Villon le blesse. Sermoise meurt (en pardonnant ?). Villon quitte Paris, sans doute pour l'Anjou, où il aurait alors commis deux cambriolages (octobre).	Premiers livres imprimés typographiquement. De nombreux humanistes byzantins, réfugiés en Italie, y font des traductions d'auteurs grecs et répandent le goût de l'hellénisme. Jean Fouquet : illustration des *Antiquités judaïques* de Josèphe. Mort de Fra Angelico, peintre florentin.	Les hostilités entre l'Angleterre et la France ont cessé depuis 1453 ; Calais reste la seule ville occupée. L'Empire byzantin vient de s'effondrer (1453) avec la prise de Constantinople par les Turcs. Echec du congrès de Rome, réuni pour préparer une croisade contre les Turcs.
1456	Gracié par le roi sous les noms de Montcorbier et de des Loges, le prudent meurtrier rentre à Paris (janvier). Dans le désir (?) d'aller refaire sa vie à Angers (cour du roi René), il vole 500 écus d'or, la nuit de Noël, au collège de Navarre. Compose le *Lais* et fuit vers Angers.	Antoine de La Sale : *Histoire du petit Jehan de Saintré*. Simon Gréban : *Mystère des Actes des Apôtres*. Développement de l'hellénisme en Italie ; Argyropoulos enseigne le grec à Florence ; Marsile Ficin traduit les œuvres de Platon.	Procès de réhabilitation de Jeanne d'Arc. Le dauphin Louis (le futur Louis XI), qui n'a cessé depuis 1447 d'intriguer contre son père, demande asile au duc de Bourgogne.
1458	Il séjourne à la cour de Blois auprès de Charles d'Orléans. Ballade du concours.	*Mystère du vieil Testament* représenté à Abbeville. René d'Anjou : *Mortifiement de vaine plaisance* et *Livre du cuer d'amour espris* (1457).	Charles VII s'empare du Luxembourg. Confiscation des biens du duc d'Alençon.

FRANÇOIS VILLON ET SON TEMPS DE 1461 À 1463

	la vie et l'œuvre de Villon	le mouvement intellectuel et artistique	les événements historiques
1461	Villon se trouve, à Meung-sur-Loire, dans les cachots de l'évêque d'Orléans, Thibaut d'Aussigny, peut-être pour avoir participé à des activités théâtrales. L'évêque l'aurait dégradé. Épistre à ses amis. Villon est délivré par l'entrée de Louis XI dans la ville, et se dirige, plus pauvre que jamais, vers Moulins : Requeste à Mons. le duc de Bourbon. Revient se cacher aux environs de Paris ; rédige le Testament et le Débat.	Fondation de l'université de Nantes. Nicolas Froment : Résurrection de Lazare. Construction du clocher de Saint-Bavon de Gand.	Mort de Charles VII ; avènement de Louis XI. Celui-ci abolit la pragmatique sanction, prise par Charles VII pour limiter les droits du pape sur les nominations des évêques.
1462	Incarcéré pour vol au Châtelet, il sort de prison... en promettant de rembourser 120 écus d'or en trois ans au collège de Navarre. C'est l'époque du Problème. De nouveau incarcéré à l'occasion d'une rixe, torturé (question de l'eau), Villon est condamné à mort (Ballade des pendus), mais fait appel.	Les Cent Nouvelles nouvelles, recueil de contes. Roger Van der Weyden : Triptyque des Rois mages.	Louis XI se fait céder le Roussillon et la Cerdagne par Jean II d'Aragon.
1463	Peine commuée en dix ans de bannissement (Louenge a la court, Question au clerc du guichet). Villon disparaît.	Farce de maistre Pierre Pathelin. Construction du château de Plessislez-Tours.	Louis XI se fait rendre les villes de la Somme par Philippe le Bon, duc de Bourgogne.

BIBLIOGRAPHIE SOMMAIRE

MANUSCRITS ET ÉDITIONS

L'œuvre de Villon nous a été transmise par cinq sources : la plus sûre, dont nous suivons, à une exception près, les leçons, est le manuscrit C (Coislin), ms. franç. 20041 de la Bibl. nat., qui contient les six œuvres suivantes : la *B. des pendus* (fol. 107 v°), — le *Lais* (fol. 108), — la *B. de l'appel* (fol. 112 v°), — le *Testament* (fol. 113), — l'*Epître de V. à ses amis* (fol. 152), — la *B. de Fortune* (fol. 152 v°).

Ce manuscrit est du reste apparenté à I (Imprimé), qui n'est autre que la première édition de Villon (1489), ou édition Pierre Levet, qui contient, entre autres, dans l'ordre suivant : le *Testament*, — la *B. de l'appel*, — la *B. des pendus*, — le *Débat du cœur et du corps*, — la *Requête au parlement*, — la *Requête à Mons. le duc de Bourbon*, — le *Lais*. Une reproduction en fac-similé de ce texte a été publiée en 1924.

OUVRAGES CRITIQUES

La bibliographie de Villon est abondante. Il ne se publie guère de « mélanges » qui ne consacrent parfois jusqu'à plusieurs articles à notre poète. A la date de 1969, toute cette bibliographie se trouvait scrupuleusement tenue à jour dans :

Longnon-Foulet   *François Villon, œuvres* (Paris, Champion, 4e éd., 1969).

André Lanly   *François Villon, œuvres* (Paris, Champion, 1re éd., 1969, 2 vol.).

    François Villon, ballades en jargon (Paris, Champion, 1re éd., 1971).

Ces deux derniers ouvrages constituent une somme qui dispense de consulter l'érudition antérieure, et même le *François Villon* de Louis Thuasne (Paris, Picard, 1923, 3 vol.).

On pourra aussi se reporter cependant à :

Henri Roussel   « François Villon », *in* Antoine Adam, Georges Lerminier, Édouard Morot-Sir, *Littérature française* (Paris, Larousse, 1967).

Pierre Le Gentil   *Villon* (Paris, Hatier, 1967).

Études récentes :

Claudine
Gothot-Mersch
« Sur l'unité du Testament de Villon », in *Mélanges Rita Lejeune* (Gembloux, J. Duculot, 1969).

Jean Dufournet
Villon et sa fortune littéraire (Bordeaux, Ducros, 1970).

C. Mela
« Je, François Villon... », in *Mélanges Frappier* (Genève, Droz, 1970).

Robert Léon Wagner
Lecture de Villon (le Testament, v. 89-328).

Pierre Guiraud
Le Testament de Villon, ou le Gai Savoir de la Basoche (Paris, Gallimard, 1970).

VILLON

NOTICE

LE MYSTÈRE VILLON

C'est justement parce qu'il existe aujourd'hui une question villonienne, un peu comme, depuis bientôt trois siècles, une question homérique, qu'il importe de bien poser le problème si l'on veut un jour en trouver la solution, et ne pas écraser pour longtemps, sous les questions mal posées, le plus secret, le plus mystérieux de nos poètes. Laissons de côté le point si obscur, à vrai dire, de sa filiation et même de son adoption. Tous les biographes se contentent de conjectures ou d'affirmations; toutes les archives, jusqu'ici, sont restées muettes. Quel était donc ce protégé du chanoine Guillaume de Villon, professeur de décret, que mirent si souvent en vue les démêlés du cloître Saint-Benoît avec Notre-Dame, son église suzeraine? Comment expliquer la singulière et puissante immunité qui le sauva toujours des situations les plus fâcheuses? Comment ce mauvais garçon, si étroitement lié à Régnier de Montigny, à Guy Tabarie, à Colin de Cayeux, a-t-il pu trouver des accents comme ceux qu'il trouve pour vanter un homme qui ne serait autre, de nos jours, que le préfet de police de la Ville de Paris, pour ne pas dire le ministre de l'Intérieur, et cela sur le plan privé comme sur le plan public? Certains sont allés plus loin encore, et se sont même demandé : « Mais de quoi donc vivait-il, ce poète? » Ajoutons à cela les éternelles dérobades et réticences qui semblent de règle dans tout ce qui nous est parvenu de « testaments », de « regrets », de « confidences » et de « journaux », rimés ou non : ce n'est pas dans *Sagesse* et dans *Romance sans paroles* que l'on trouve les précisions indispensables à tout amateur d'histoire littéraire; ce n'est pas davantage dans le *Lais*, dans le *Testament*, dans les ballades isolées qu'il faut chercher des noms, des faits et des circonstances. Villon lui-même aurait voulu dépister les chercheurs que, souvent, il n'eût pas écrit autrement.

Si bien qu'un jour on finit par ne plus savoir où l'on en était : Vaillant, Montcorbier, des Loges, Villon, et Mouton même, selon le nom qu'il se donna, en juin 1455, pour égarer les poursuites, notre poète est tout cela. Il n'avance un masqué. Mieux, il jette le masque sur quiconque pénètre en sa vie; c'est déjà toute une affaire que de chercher à suivre Pierre de Ronsard dans la carrière de ses amours, mais que dire de celles de maître François, dont la quantité et l'identité sont si indécises que la plus importante est la plus mystérieuse, et qu'inversement toute précision apparente est un piège : Villon est arrivé à nous faire prendre, assez bien, pour une femme, une enseigne... Lui-même est à coup sûr un mauvais garçon : il a dû en faire voir de rudes à la police, qui, par un retour de bons procédés, s'est bien juré de le faire pendre si jamais il lui tombait entre les mains! Car enfin, du moins si l'on s'en tient aux apparences, Villon, en 1462, n'aura eu qu'à se laisser prendre dans une rafle pour se trouver immédiatement dans un cas pendable. C'est aussi un clerc, de toute évidence, et des plus lettrés, de quelque façon qu'on l'entende, un penseur et un moraliste. Précisons bien que le clerc est un coquillard, au sens le plus large, venu à la Coquille en enfant sans souci, et aux Enfants sans souci en enfant de la Basoche, à la Basoche par goût du « théâtre », et — l'on n'en finirait pas, car tout se tient — au « théâtre » par vocation de poète. Villon n'en reste pas moins un vrai clerc : à l'évidence, il est et sera toujours singulièrement averti, au besoin, des ressources de la procédure, et la langue du Palais coulera de source, sous sa plume, aussi bien que le cantique ou le sarcasme. Ne serait-ce pas en blasonneur attitré de la Basoche qu'il fait dans ses galeries si belle part aux plaideurs illustres de la Ville de Paris, envers lesquels il se montre si spirituel et si féroce? Un linguiste a même cru bon, tout récemment, de franchir le pas : nous aurions dans celui que nous appelons Villon un clerc d'origine franc-comtoise, plus ou moins rallié à la maison de Bourgogne. Imaginez (pourquoi pas?) un Apollinaire qui aurait écrit pour son compte selon ses rancœurs et ses aspirations, et qui, prenant en même temps, de son mieux mais sans grande précision, le nom, les faits et gestes de Landru (à moins qu'il n'ait été Landru lui-même, car l'hypothèse est encore possible), aurait si bien donné le change que, cinq siècles plus tard, plus l'on reconstruirait le Paris de la Grande Guerre, plus on confondrait le poète et son « parrain »! Une telle habileté a quelque chose de diabolique. Seul entreverrait une ombre de clarté l'érudit un jour étonné de voir se dissiper en fumée, au fur et à mesure qu'il voudrait étreindre la réalité, une biographie ainsi fictive : rien de plus étrange que ce poète qui finirait par être le seul témoin de lui-même... Il se peut que la linguistique ait raison, mais, à notre avis, avant de ne plus croire à Villon, il faut bien se rappeler qu'une « théorie » de ce genre ignore a priori des pièces comme l'*Épitaphe Villon*, et les correspondances merveilleuses entre cette ballade et *la Légende de la Mort*, qui en reçoit, à la fin du *Testament* proprement dit, une curieuse dimension prémonitoire; et, du coup, ce Villon en deux personnes n'est plus assez beau pour être vrai.

Il y a certes un mystère Villon. Mais il ne faut ni le déplacer ni le dénaturer. Il y a certes du juriste dans Villon, mais il n'y a pas que cela, et la mère du poète ne doit pas être soupçonnée d'inexistence. Il faut entendre à l'infini les résonances de cet unique

J'entends que ma mère mourra,

pour qu'immédiatement se profile dans son épaisseur et son opacité le vrai mystère Villon, et celui de son époque. Que pense-t-il exactement de la Mort? de la Fortune? de Dieu? et de la Femme? et de la Vie? Quel est le sens et le mot final du dialogue de son « Cuer » et de son « Corps »? Quel est cet écrivain qui contient si large part des écrivains passés, si large part des écrivains de son temps, et à propos de qui les noms d'Apollinaire, de Voltaire, de Verlaine, de Bossuet, de La Fontaine et de Pascal viennent naturellement aux lèvres? Je le crois nourri de la Bible, de certains livres surtout, précisément parce qu'il ne peut guère la citer sans la récrire, et c'est un enfant sans souci! Pas plus énigmatique, du reste, que tous ses contemporains d'« état divers » : l'abbesse de Pourras, Thibaut d'Aussigny, le père de Robert d'Estouteville, Louis XI, le « feu Dauphin », qui devint l'un des princes les plus honnêtes de son temps, au dire de Fustel de Coulanges. Quelle époque, même aux yeux de la nôtre, qui en a tant vu! Le sentiment religieux n'est peut-être nulle part aussi vif que chez le pire truand du siècle, Gilles du Rais, maréchal de France dont la voix populaire fera Barbe-Bleue, tout perdu d'immondes et meurtrières débauches, qui, coupable de la mort de deux cents enfants, fondait un service en mémoire des saints Innocents « pour le bien, salut et sauvement de son âme », s'étonnait qu'on l'accusât d'hérésie et disait, au moment de sa mort, à l'un de ses complices : « Ayez bonne espérance en Dieu, nous nous reverrons en la grant joie du Paradis. »

Qu'importe donc après tout de savoir qui a écrit l'*Iliade*, le *Testament*, si l'*Iliade* et le *Testament* subsistent? Qu'importe une identité, si nous avons la qualité? Car il est clair que l'œuvre sonne vrai, et qu'à l'origine il y eut un homme. Qu'importe même que l'œuvre soit faite de pièces et de morceaux (ce qui du reste n'est pas sûr!)? Le vrai, le seul *Testament* est le *Testament* achevé, tel qu'en soi l'a voulu le maître d'œuvre, pour témoigner de son passage sur terre quand lui-même, que nous continuerons d'appeler Villon, ne serait plus.

LA PENSÉE VILLON

C'est lui-même qui parle de sa « philosophie ». C'est même la dernière page qu'il nous ait laissée. Je sais bien que le mot le trahit, comme celui de « tragédie », qu'il emploie quelque part, mais très tôt, et qu'il veut seulement dire « sagesse », cette sagesse sinon conquise, du moins durement achetée que tout un mouvement du *Testament* propose à notre patience et à nos efforts. C'est là même le style de la pensée, et la garantie de son authenticité, que ce caractère laborieux, moins dû à l'état de la langue et de la syntaxe antécartésiennes qu'à sa propre persévérance, à ses confusions, et pourtant à ses constantes, à ses indéterminations et à sa duplicité. Il faut faire avec lui le chemin d'Emmaüs, perdre plusieurs fois de vue la Jérusalem un instant entrevue, avant de l'atteindre à la dernière étape, où tout s'éclaire : liberté, responsabilité, médiocrité humaines; damnation et salut; fraternité des hommes, universelle indulgence à la faiblesse de la chair; le mal, la douleur, la pauvreté, la mort; Dieu, la fortune, et le « doulx Jésuchrist »; justice divine, justice humaine... « Balzac et Stendhal, écrivait Alain, ont trouvé des choses qui semblent trop simples à l'intelligent lecteur; mais heureusement elles n'étaient pas simples pour eux; c'est qu'ils pensaient à partir de la bêtise naturelle; ils démêlaient leur propre vie. » C'est pourquoi, toujours selon Alain, il est possible de trouver chez ces romanciers « plus de pensées que chez les penseurs ». La formule convient admirablement à Villon : ce n'est pas seulement qu'il est toute la « philosophie » de langue française de sa génération, c'est aussi que, de nos jours, le spectacle de ses réflexions nous convie à rentrer en nous-mêmes.

Il arrive cependant que le penseur n'ait pas, ou plus, de réponse à se fournir. Il n'est pas gai de se voir prématurément vieilli, bon pour la mort à la suite de persécutions et d'abandons de toutes sortes, et de tous, en un mot, « remys et regnyé ». Alors il renie à son tour, déserte l'étendard sous lequel il s'était fourvoyé, passe à l'ennemi, et livre une guerre à mort à ce qui faisait l'une de ses raisons de vivre et l'une des douceurs de sa vie. Ce sursaut est à lui seul une pensée : c'est une « leçon » (l'un des maîtres mots de Villon) que de savoir à temps renverser l'ordre des valeurs et se proclamer sauvé. C'est un des secrets du bonheur. Villon s'en souviendra dans une situation plus délicate encore : au moment même de périr, d'un dernier coup d'œil sur l'immensité de l'imperfection humaine, sur le châtiment du Mauvais Riche et sur la félicité du Bon Pauvre, il fait volte-face, et sans mot dire, car il n'a pas le temps et il y risquerait sans doute ses dernières forces. Il passe du camp des Imparfaits dans le camp des Parfaits, à la droite du Père : il est membre du grand jury! Il tient les clefs du paradis et de l'enfer.

Tout cela est plus grave qu'il n'y paraît. Car maintenant le penseur a réponse à tout : il a vu l'envers et l'endroit. Et s'il renversait les valeurs, et que ce monde durât encore? Si ce que l'on prenait pour les lois mêmes de la raison n'en était qu'une application contingente et superficielle entre tant d'autres? Si l'ordre des hommes n'était qu'une convention, qui ne pourrait altérer la vitalité d'une vérité inaltérable et cachée? Mais si, en revanche, on ne pouvait que trop voir l'ubiquité de l'immense Négation, le Néant, qui vient de prendre forme définitive dans notre langue, et que Villon ne nommera jamais que la Mort? Si ce que les hommes ont récemment condamné sous le nom de Folie était une forme de la Raison? S'il n'était plaisir que de vivre à son aise? Un vieux dicton revient à la mémoire de maître François. Et si la prétendue Folie était la Raison suprême? et s'il n'y avait de salut que dans la voie de l'instinct de conservation, et de chant que dans le triomphe de la vie? Les lois et les usages ont certes pour eux la raison du plus fort : ils peuvent tout sur nos jours en ce monde; mais il n'est pas dit qu'ils peuvent nous vouer à des peines éternelles : il y a un curieux « peut-être » dans Villon. Il n'y en a qu'un, mais il y est, et situe *peut-être* le salut où d'autres placent la damnation. Mais il ne saurait constituer une certitude, et jusqu'au bout, parallèlement, Villon acceptera, en partie orthodoxie, car à vrai dire les hérétiques, comme les hussites, ne lui ont jamais inspiré confiance, les données traditionnelles de l'imagerie chrétienne, avec le ciel et l'enfer.

VILLON VIVANT

Étonnons-nous après cela que le *Testament*, avec son examen de conscience initial, soit au cœur palpitant de l'expérience d'un homme de chair et d'os qui revient de l'enfer, refait péniblement surface par saccades et ne parvient à se maintenir à flot que sur le point de disparaître à jamais. De la poignante volonté de vivre (« Veux-tu vivre? », demande le « Cuer ») émanent l'unité et la diversité du génie.

Unité d'abord. Il est remarquable que Villon recoure pour le *Testament* à la fiction même du legs, comme en 1456, au moment de nous laisser de lui et de son univers une ultime image, tôt interrompue au bout de huit vers et s'évasant en mascarade plus ou moins populeuse. Quant à la trame du poème, il est difficile d'imaginer plus solide et plus continue : l'appareil scolaire qui accompagne notre édition n'a d'autre fin que de faire apparaître ce mérite, que nous tenons pour primordial. Reprenons en quelques mots, pour plus de clarté, les grandes masses de l'édifice :

Vers 1-8 : faux départ.

Vers 9-88 : le testateur maudit son persécuteur et magnifie son libérateur avec une égale vigueur.

Vers 89-224 : il n'en est pas moins à l'article de la mort. Un *examen de conscience* s'impose de toute évidence. Le poète s'y reprend à deux fois, vu la difficulté de l'entreprise : vers 89 et vers 161.

Vers 225-264 : parvenu à une conclusion sereine, mais toute négative, le poète se tourne vers les hommes, ce qui lui permet de se situer à sa juste place dans le monde qui lui apparaît.

Vers 265-304 : la pensée du poète flotte un peu. On le comprend : une chose est de constater que tout le monde meurt, certains enviant peut-être les pauvres qui enviaient sans doute vos richesses, que tout le monde meurt dans la douleur, et une autre est de mourir soi-même sur un dernier regard à l'illusion universelle, qui permet toutefois au poète de généraliser son cas et d'avoir comme une première idée de la fraternité humaine.

Vers 305-568 : tableau de cette fraternité, ou plus exactement vision de l'humanité face à la vieillesse et à la mort. Cette généralisation est en réalité fort compromettante pour le poète, qui s'est retrouvé en bien folle compagnie.

Vers 569-624 : il est donc amené à prendre la défense des malheureux et des malheureuses, dont il entend peser les fautes à leur juste poids. Imparfait, il n'accable personne, et se trouve du fait même blanchi de toute l'imperfection d'autrui. Si ses péchés ne lui sont pas remis, du moins n'est-il pas pire qu'un autre!

Vers 625-736 : quelque habile que puisse être la transition, l'examen de conscience prend fin ici. Un long moment interrompu, moins longuement toutefois qu'on ne se plaît à le dire, le *Testament* reprend : l'Amour, qui avait jadis contraint le poète au départ pour Angers, le contraint maintenant à la mort, au même titre que les persécutions qui seront rappelées sur-le-champ (vers 737-752), sans qu'il soit précisé si les deux causes sont liées ou si elles sont distinctes.

Vers 753-1867 : c'est la fiction testamentaire proprement dite; Villon procédera par ordre, en se gardant bien d'oublier les clercs de l'officialité, qui ont été, il l'aura su depuis, plus ou moins liés à l'enquête sur le vol du collège de Navarre. C'est le mouvement qui ressemble le plus au *Lais* : là où les deux poèmes coïncident, le premier peut garder éventuellement sur le second l'avantage de la fraîcheur. Mais le *Testament* a pour lui l'ampleur de son allure de fleuve.

Vers 801-824 : le plus significatif de cette descente à la mer, c'est peut-être le premier détour, cette parenthèse imprévue où tant de commentateurs n'ont vu qu'une « dissertation », à la faveur de laquelle le poète ne trouve rien de mieux que de nous suggérer que, son imperfection toute relative n'étant ni condamnable ni damnable, il est admis d'emblée au rang des saints; il se canonise! Sous les espèces d'un pauvre (la chose va de soi). Libre à lui maintenant de sauver qui lui plaît (un seul élu!) et de perdre qui lui manqua : ce sera l'enfer Villon, tout aussi sincère et vrai dans la pensée du Juge que les longs couplets de pénitence qu'il avait d'abord alignés.

Vers 1868-1963 : de nouveau Villon, jusqu'alors il ne s'était pas nommé, règle ses obsèques.

Vers 1964-1967 : la mort est là!

Vers 1968-1995 : Villon n'a que le temps de crier pardon à tous ceux, ennemis ou non, compagnons et compagnes de jeux et de folies, qu'il aura pu contrister, et de maudire une dernière fois ses juges et les leurs; tous les artisans de sa fin, filles et bourreaux, tournoient dans l'irrésistible vertige final, avant de basculer tous ensemble.

Vers 1996-2023 : c'en est fait; Villon est mort! Villon est enterré! L'œuvre était boiteuse : impossible de rappeler les bourreaux sans rappeler ses persécutrices, et surtout la Bourrelle, son premier amour, veut-il dire, qui lui a fait cette mort. Il proclame donc cette dette. Un mot encore; il n'avait pas eu le temps de nous le dire, mais il le dit maintenant : son dernier geste, avant de mourir, avait été de boire un coup de vin morillon!

L'immense éclat de rire final a un sens : c'est le couronnement d'une œuvre dont la gravité persiste. Tout n'est-il pas possible ici-bas, dans l'universelle « illusion »? Villon n'est pas Trimalcion : il a au moins retenu de l'ordonnance fictive de ses funérailles que le dernier mot ne sera jamais dit, car il est impossible, et qu'un jour, à deux doigts de ses funérailles réelles, il sera sans doute au moyen d'en reculer l'échéance; nous en avons les preuves dans les pièces isolées qui terminent ce recueil, et qui ne sont secondaires qu'en apparence. C'est du reste ce souci chronologique qui a présidé à l'ordre de présentation de l'œuvre.

On se doute bien qu'une pareille coulée de poésie n'a rien de précisément figé, et que le mouvement l'emporte assez souvent sur le plan, en déplaçant les lignes. On soupçonnera du moins l'assurance croissante du poète jusqu'au triomphe du dernier vers : impossible, toute proportion gardée, de ne pas projeter sur tout le *Testament* l'allure de la dernière scène où Scapin trépasse et ressuscite. On aura peut-être une idée de l'accélération du temps, jusqu'à l'affolement burlesque de la fin. Une fois qu'il sera entraîné à déchiffrer et à jouer du Villon, un, deux, trois courants et plus, se relayant sans cesse, emporteront le lecteur : peu d'œuvres ont autant de vie, et nous n'aurons pas sans dessein évoqué plus d'une fois la surabondance vitale du baroque. En veut-on des exemples? Qui dira le chatoiement permanent des transmutations du couplet qui passe en couplet qui vient et qui chante à son tour sa chanson de souvenirs et d'annonces? Qui reconnaîtra les grands courants, comme celui des vers 89-452, qui, sans rompre l'économie du poème, s'en distinguent cependant et vivent d'une vie propre? Qui signalera tous les appels lancés par le poète à l'insu de lui-même, la liberté, en un mot, de sa propre création, comme cette extraordinaire *Légende de la Mort* qui préfigure de façon saisissante l'*Épitaphe Villon* tout en rappelant les premières mesures d'une symphonie? Qui dira toutes ces correspondances? et l'étrange symétrie qui fait du *Testament* comme une ronde immense, ouverte et fermée sur la vision des Mauvais Juges, où la Mort, puis la Pauvreté précéderaient les figures féminines, danseraient autour des légataires masculins, bientôt suivies d'autres figures féminines, de la Pauvreté, puis de la Mort? Immense ballade d'où, parfois, à point nommé, se détacherait une ballade particulière.

LE JEU VILLON

Cette vaste respiration de la vie se traduit par un sens inné du drame. Il serait vain de s'étendre ici sur ce sujet : l'appareil scolaire auquel on pourra se reporter aux divers endroits de ce travail est en grande partie orienté vers la mise en valeur de cet aspect du génie villonien. Mais rien ne remplace l'idéale mise en scène ou, à défaut, l'idéale diction et mimique inscrite dans le rythme et dans les sonorités d'un texte presque toujours égal à lui-même. Dans la forme des phrases, Villon est à lui seul tout un théâtre, ce qui explique que rien en lui n'est recherche ou virtuosité. Écrit, osons-nous dire, tout joué ou prêt à jouer, source de double plaisir pour les personnes qui, comme Molière le dira plus tard à propos de l'*Amour médecin*, « ont des yeux pour découvrir dans la lecture tout le jeu du théâtre », Villon s'en est tenu aux « grandes choses » qui, toujours selon Molière, vont « prendre les gens aux entrailles ».

C'est pourquoi, seul au milieu des grands rhétoriqueurs, tous plus ou moins artificiels, de Bretagne, de Bourgogne ou de Flandre, ce verbe de feu, cette plénitude étincelante, qui anéantit pour ainsi dire toute cheville, ne se sont pas cherché de thèmes loin des pensées communes et n'ont point, pour s'y couler, fondé de genre nouveau. Cette force avait trop de puissance pour ne pas se contenter de prendre ses formes où elle les trouvait. Du cri de sa chair et de son âme, des habitudes de ses oreilles et des oreilles de son public, Villon s'en est tenu au huitain octosyllabique sur trois rimes A B A B B C B C.

« Cette strophe, écrivait J. Passeron, mise au point par les poètes musiciens de la seconde moitié du XIVᵉ siècle et devenue l'une des « formes fixes » de la ballade, possède un mouvement rythmique très vigoureux, divisé en deux périodes égales, l'une, où la rime B est paire, l'autre, où la rime B est impaire; l'articulation centrale, marquée par la rencontre des deux rimes B, forme une sorte d'arrêt avec volte-face, comme dans une figure de danse. Cette armature solide permet des strophes bipartites très martelées, et d'autre part supporte facilement des pauses secondaires qui font varier à l'infini ce rythme sans le détruire. De là sans doute le choix de Villon, qui s'est mis à penser, à vibrer sur ce rythme, au point d'y incorporer ses réflexions et ses sentiments avec une aisance souveraine qui ne relève plus de la technique littéraire; c'est la réussite inouïe d'un génie spontané et savant, soucieux d'être intelligible et communicable. »

Notre poète a dédaigné tout « moderne » qui n'est que moderne : il a écrit sur le grand registre éternel, et, si la syntaxe du *Testament* nous semble plus proche de nous que celle du *Lais*, c'est qu'il se sera produit, entre 1456 et 1461, une de ces accélérations que l'on a parfois remarquées dans l'évolution de notre langage national.

A qui veut à tout prix trouver dans la taille même du diamant la main du poète, nous dirons qu'elle est justement dans sa fidélité à son double génie dramatique et lyrique, encore que lui-même ignorât l'un et l'autre terme. Lui seul, parmi tous les auteurs de « Lais » et de « Testaments », a fait don de ballades à ses légataires ou encore de couplets entièrement lyriques totalement dépourvus de caractère testamentaire, comme les « Regrets de la Belle Heaulmière », la double ballade sur les Folies de l'Amour, les deux ballades finales du *Testament* et la *Légende de la Mort*. Mais l'originalité, apparemment, ne va pas plus loin : les ballades et rondeaux de Villon ne nous retiendront jamais en tant que tels; on ne trouvera jamais en tête de nos extraits les analyses métriques qui semblent si souvent de règle en pareille circonstance, et qui n'ont à nos yeux d'autre caractère que de pouvoir figurer aussi bien, d'ailleurs, au fronton de n'importe quelle œuvrette de rhétoriqueur. En voici donc une fois pour toutes la formule, telle que l'a proposée J. Passeron :

« Les *Ballades* de Villon citées dans ce volume se ramènent à quatre types :

3 (ou 4) strophes de 8 vers de 8 syllabes, plus envoi de 4 vers;
3 (ou 4) strophes de 10 vers de 10 syllabes, plus envoi de 5 vers;
3 strophes de 11 vers de 10 syllabes, plus envoi de 5 vers;
3 strophes de 12 vers de 10 syllabes, plus envoi de 5 vers.

« La structure normale de ces strophes comporte deux parties égales et symétriques, quand elles ont 8 vers ou 10 vers; ou deux parties symétriques par rapport à une partie centrale, quand elles en ont 12. Cela ressort de l'agencement des rimes :

8 vers sur 3 rimes	A B A B	B C B C
10 vers sur 4 rimes	A B A B B	C C D C D
12 vers sur 5 rimes	A B A B B C C	D D E D E

« Les parties constituantes pouvaient d'ailleurs varier selon la fantaisie des poètes dans les strophes de 11 vers ou de 7 vers, et rejeter toute symétrie :

11 vers sur 5 rimes	A B A B C C	D D E D E
7 vers sur 3 rimes	A B A B B C C	

« Le caractère commun de toutes les ballades, c'est que leurs strophes comportent la succession des mêmes rimes dans un ordre inchangé, et ramènent le même vers-refrain comme dernier vers de chaque strophe. Les strophes sont très souvent suivies d'un « envoi », normalement constitué par une demi-strophe, sur les mêmes rimes que la seconde moitié des strophes, le dernier vers ramenant le refrain; l'envoi commence ordinairement par le mot « Prince » mis en apostrophe, en souvenir du « prince du puy », président des associations littéraires, à qui les ballades de certains concours étaient soumises. Par fantaisie, l'envoi peut être allongé de un ou deux vers, sans nouvelles rimes, notamment quand l'auteur veut y présenter son nom en acrostiche.

« Les *rondeaux* de Villon sont de deux sortes; ou bien ils ont pour refrain le premier vers entier, ou bien ils sont « à rentrement », c'est-à-dire qu'ils n'ont pour refrain que le premier mot, ou les deux premiers mots du premier vers. Les trois rondeaux cités dans ce volume sont conformes à la plus courante des formules traditionnelles, dite « rondeau double ».

1re strophe : 4 vers.

2e strophe : 2 vers + le refrain (reprise du premier vers, entier ou incomplet).

3e strophe : 4 vers + le refrain (reprise du premier vers, entier ou incomplet). »

QUI EST VILLON ?

Ainsi apparaît peu à peu le vrai visage de Villon, baron imaginaire et « povre petit escollier », « amant remys et regnyé » et amant rénégat, malheureux en passe de parvenir à la « maturité », « bon follastre » et saturnien avant la lettre, tout cela à la fois ou selon les jours. A vrai dire la richesse des dons aboutit à un embarras sans exemple : un critique évoquait récemment *le Neveu de Rameau*, et il avait raison; un autre, à propos du *Testament*, les *Rêveries d'un promeneur solitaire*, et il n'avait nullement tort. Nous-même avons multiplié les rapprochements de ce genre. Mais cela ne va pas très loin, et toute comparaison est plus ou moins odieuse. Il y en a du moins une de particulièrement injuste, que nous ne ferons jamais, et contre laquelle nous nous insurgeons pour l'honneur du poète et du lecteur : on peut voir écrit ici et là que le souvenir de Villon s'est longtemps perpétué par la survie du verbe « villonner », au sens de « friponner ». C'est possible, comme après tout les découvertes les plus criardes, mais le malheur est que le mot était déjà vieux de trois siècles au temps de Villon et qu'on le trouve dans Béroul sous la forme « vilonner » (= « mettre à mal »). Nous préférons ne pas charger l'intéressé, et lui restituer, enfin, ce nom propre qu'il s'est donné, quand il a senti ce qu'il y avait en lui d'Uriel, mi-plaisant, certes, mais ne plaisantant jamais moins que quand il plaisante, de « Fils de fée » (*Testament*, v. 1797).

POÉSIES CHOISIES
DE FRANÇOIS VILLON

AVANT 1456

Ballade de bon conseil. Des œuvres que Villon a composées avant le *Lais* ne subsiste à coup sûr que la *Ballade de bon conseil,* « bonne chanson », assez sentencieuse, que le poète s'adresse à lui-même en même temps qu'à des compagnons de plaisir au nom de l'honneur, de l'obéissance aux lois divines, de l'intérêt familial et de l'incertitude du sort. Cette ballade présente tous les caractères d'une « ouverture » ; elle nous paraît dépourvue de mérite littéraire, mais Villon ne devait pas en être mécontent ; soucieux de sa publicité, il n'a pas craint de signer sa pièce et de présenter son nom en acrostiche à la fin de l'envoi.

LE LAIS
(1456)

I

L'an quatre cens cinquante six[1],
Je, Françoys Villon, escollier[2],
Considerant, de sens rassis,
Le frain aux dens, franc au collier[3],
5 Qu'on doit ses œuvres conseillier[4]*,   *réfléchir
Comme Vegece[5] le raconte,
Sage Rommain, grant conseillier*,   *donneur d'excellents
Ou autrement on se mesconte... (1)   conseils

---

1. Les manuscrits de Villon ne comportent ni ponctuation ni accentuation, sauf dans des cas précis, notamment à la rime ; 2. Voir *Testament,* vers 1886. Villon pouvait poursuivre ses « études » en vue du doctorat ; 3. Le sens des métaphores hippiques est clair : Villon ne ruera plus dans les brancards ; 4. Maintenant voleur de fait ou d'intention, Villon va prendre une décision grave, dont il ne peut discuter qu'avec lui-même : d'où l'interruption de la fin du couplet ; 5. *Végèce :* écrivain militaire de la fin du IVᵉ siècle de notre ère. C'est une façon pour Villon de suggérer qu'il va parler en noble chevalier s'adressant à de nobles chevaliers.

Commentaire philologique, grammatical et stylistique.

Vers 1. — *Cens*. On écrirait aujourd'hui « cent », au singulier, car il ne s'agit pas d'un chiffre rond. Jusqu'à la Restauration, le pluriel des mots en *-ent* et en *-ant* est régulièrement en *-ens* et en *-ans*, le groupe *-ts* se simplifiant successivement en *-z*, puis *-s*. Unique survivance : *gens*, pl. de *gent*.

Vers 3. — *De sens rassis*. Ce passage atteste l'ancienneté de l'acception morale. L'expression se trouve à la fin de l'œuvre de Villon (*Epitaphe Villon,* vers 14). Les deux passages s'éclairent l'un par l'autre : on est de « sens rassis » lorsqu'on a su rompre avec la « folie » (voir *Testament,* v. 3 et la note).

Vers 5. — *Conseillier*. Tous les infinitifs en *-ier* sont l'aboutissement d'un infinitif bas-latin en *-iare*. Dès le moyen français cependant (1300-1500), il y eu résorption de l'*i* derrière *ch, g,* ainsi que derrière *l* ou *n* mouillés, et la diphtongue *-ier* est devenue, dans la prononciation courante, *-er*. Villon n'hésite pas le moins du monde à faire rimer forme nominale et forme verbale identiques.

Vers 7. — *Rommain*. Villon écrit toujours *Romme* et *Rommain*. En vertu du phénomène de nasalisation, qui remonte aux origines de notre langue, *m* et *n* intervocaliques nasalisaient la voyelle précédente tout en gardant leur articulation : Villon prononçait donc *Rom + me*. Au XVIIᵉ siècle, le phénomène inverse de dénasalisation est achevé, mais la graphie reste (pomme, bonne, comme, etc.), sauf dans les mots où a pu jouer une réaction étymologique (Rome, romain).

— *Grant* vient régulièrement de *grand(is)*. On écrit ainsi, voir couplet XXIV, *tart* et *lart,* ainsi que *vert, souvent* et *dont,* qui sont restés dans la langue.

Vers 8. — *Ou*. Nous dirions obligatoirement *ou que* depuis le XVIIᵉ siècle. Nous disons de même obligatoirement : « Je crois, je sais, etc., *que... et que...* » Sur ce point, Villon dit parfois comme nous (voir plus bas, v. 11 et 12).

QUESTIONS

---

1. Quelle physionomie morale Villon se donne-t-il?

II

En ce temps que j'ay dit devant,
10 Sur* le Noel[6], morte saison, (2)   *vers
Que les loups se vivent de vent
Et qu'on se tient en sa maison,
Pour* le frimas, pres du tison,   *à cause du
Me vint ung vouloir de brisier
15 La tres amoureuse prison[7]
Qui souloit[8] mon cuer debriser*.   *tourmenter

[C'est le moment de demander au Ciel sa « vengeance » et sa
guérison; il ne peut survivre qu'en s'éloignant de l'amie qui, malgré
ses « doulx regars et beaux semblans » (v. 26), de gaieté de cœur
travaillait à sa mort. L'« amant martir » (v. 47) annonce son départ
pour Angers : la place reste libre pour celui qui l'a supplanté dans les
faveurs de celle qui lui fut « félonne et dure » (v. 34). Il rédige donc
ses dernières volontés pour le cas où il mourrait en route (v. 17-64).]

IX

65 Premierement, ou* nom du Pere,   *au
Du Filz et du Saint Esperit,
Et de sa glorieuse Mere
Par qui grace* riens ne perit,   *par la grâce de qui
Je laisse*, de par Dieu, mon bruit**   *lègue **ma gloire
70 A maistre Guillaume Villon[9],
Qui en l'onneur de son nom bruit*,   *retentit
Mes tentes et mon pavillon. (3)

X

Item, a celle que j'ai dit,
Qui si durement m'a chassié

---

6. Villon se prépare un alibi physique : l'expression est vague et extensible à souhait; si
l'on parvient à l'arrêter, il pourra dire qu'il était occupé ailleurs la nuit du vol; 7. C'est une
sorte d'alibi moral : arrêté en cours de fuite, il pourra alléguer des raisons d'ordre sentimen-
tal; 8. Le mot *souloit*, du latin *solebat*, peut évoquer, beaucoup plus qu'une idée d'habitude
ou d'insistance, une idée d'antériorité, comme « depuis longtemps ». La nuance n'est pas sans
intérêt pour la lecture du *Testament*; 9. Chapelain de Saint-Benoît-le-Bétourné, maître ès arts
et professeur de décret (ou droit canon), cet important juriste a joué un rôle dans la querelle
séculaire de Saint-Benoît avec Notre-Dame, son église suzeraine. Le 2 septembre 1433, il est
cité devant l'officialité (ou tribunal de l'évêque). Le 4 septembre 1450, il est arrêté et
emprisonné. D'autres procès auront lieu en 1455. Villon se rangera aux côtés de son « plus
que père » (*Testament*, v. 849), dans ces âpres démêlés dignes du *Lutrin*. Peut-être est-ce par
lui qu'il a connu Robert d'Estouteville, prévôt de Paris, que le chapelain rencontrait à la table
du prieur de Notre-Dame-des-Champs. G. de Villon a vécu jusqu'en 1468. Il avait environ
trente ans de plus que son protégé.

Commentaire philologique, grammatical et stylistique.

Vers 9. — *J'ay.* Au vers 73, Villon écrit « j'ai ». Il emploie ainsi « luy » et « lui ». Les formes à y sont les plus fréquentes, en raison du caractère ornemental de cette lettre.

Vers 11. — *Que.* Lorsque.
— *Se vivent de.* Construit comme « se paître de » : le tour, assez rare, comporte une idée de pillage et de violence. Les loups s'introduisirent dans la ville de Paris au cours du terrible hiver 1438-1439, et le poète doit assurément s'en souvenir.

Vers 12. — *En.* La préposition « dans » est presque inconnue en ancien et en moyen français. Villon ne l'emploie jamais.

Vers 14. — *Ung.* Villon écrit « l'un », comme aujourd'hui, mais toujours « ung ». Selon Robert Estienne, qui constate une certaine opposition à cet usage, le *g* final avait fait son apparition dans les manuscrits pour que fût évitée toute confusion avec VII.

Vers 16. — *Souloit.* La terminaison des imparfaits latins de la seconde conjugaison *-êbam* avait abouti à *-ea*, puis en ancien français à des formes en *-eie*, puis en *-oie*, qui se sont très tôt étendues à toutes nos conjugaisons, sous les formes *-ois*, *-ois*, *-oit*, etc. Cet imparfait a très officiellement duré jusqu'en 1835.
— *Cuer.* C'est le latin *cor* devenu *cœur* après diphtongaison, différenciations et simplifications successives (*cor, coor, kwoer,* prononcé *kwoeur,* puis *koer,* avec la prononciation moderne, malgré la diversité des graphies). Villon prononçait vraisemblablement comme nous.

Vers 65. — *Ou* vient de « *en + le* » (forme primitive de l'article), comme « *es* » vient de « *en + les* ». La forme n'est pas encore confondue avec « *au* » (= « *a + le* »).

Vers 66. — *Esprit* à coexisté avec « esprit », qui est proprement exceptionnel dans Villon, jusqu'au XVIe siècle. C'est une forme savante, qui a vite triomphé du mot populaire « espir », venu comme lui de « spiritus ».

Vers 68. — *Par qui grâce.* « Par la grâce de qui ». En ancien français « cui » (= « de qui ») est construit sur le modèle du tour archaïque « le Carlon messager » (= le messager de Charles). En ce cas, le relatif peut être précédé d'une préposition qui régit en réalité le nom qui le suit. Ce tour ancien se comprend aisément à propos d'un tour religieux. Voir *Testament,* v. 416, et *Louenge a la Court,* v. 19, un tour analogue.
— *Riens* vient du latin *rem,* et donne phonétiquement « rien », qui, comme tant de féminins, a pris par analogie avec les masculins un *s* au nominatif singulier dès le XIIe siècle, qui a fini par s'étendre à tous les cas. Villon ne l'écrit jamais autrement.

Vers 69. — *De par Dieu,* de (la) par(t) (de) Dieu, locution qui s'est conservée jusqu'à nos jours.
— *Bruit.* Mot très fort (voir Ronsard : « qui au bruit de mon nom... ») qui garde quelque chose de son étymologie (*rugire*), encore renforcée par le *b* d'un radical celtique, *brag-,* qui l'apparente à « braire ».

Vers 71. — *Qui* a pour antécédent *bruit* et non *Guillaume Villon;* avec la richesse constante des rimes et la fréquence des allitérations, la préséance de l'ordre des rimes sur l'ordre des groupes de mots est un des aspects les plus voyants de la « poétique » de Villon. (Voir, par exemple, *Testament,* v. 865-868).

Vers 72. — *Mes tentes et mon pavillon* est une formule testamentaire analogue à nos « biens et avoirs ». La suite du poème indique nettement qu'il ne saurait s'agir d'une simple apposition restrictive au vers 69, mais bel et bien d'un nouveau legs : logé par son tuteur, Villon qui jouera tout à l'heure au baron, lui lègue en partant ses châteaux ; après le brillant, le solide.

Vers 73. — *Item* (= de même), mot latin utilisé dans les actes juridiques. Le mot va revenir sans cesse. C'est une des nécessités du genre.

───────── **QUESTIONS** ─────────

2. En quoi l'imprécision de la date est-elle habile?

3. Ce legs est-il aussi ambigu qu'on l'a dit?

75 Que je suis de joye interdit
Et de tout plaisir dechassié*,   *banni
Je laisse mon cuer enchassié[10]*,   *enchâssé
Palle, piteux*, mort et transy** :   *pitoyable
                                                  **trépassé
Elle m'a ce mal pourchassié*,   *prémédité
                                                  et perpétré
80 Mais Dieu luy en face* mercy**! (4)   *fasse **pardon

XI

Item, a maistre Ythier Marchant[11],
Auquel je me sens tres tenu*,   *obligé
Laisse mon branc* d'acier tranchant[12],   *épée
Ou a maistre Jehan* le Cornu,   *Jean
85 Qui est en gaige detenu
Pour ung escot* huit solz montant ;   *garantie
Si vueil*, selon le contenu**,   *encor veux-je
                                                  **nos conventions
Qu'on leur livre, en le rachetant. (5)

[Ici, trois legs humoristiques à Saint-Amant, à Blaru et aux curés de
Paris (v. 89-96). Villon pense d'abord à pourvoir les gens de robe et de
finances, ainsi que le clergé en place.]

XIII

Et a maistre Robert Valee[13],
Povre clerjot en* Parlement, (6)   *petit clerc au
Qui n'entent ne* mont ne* vallee,   *ni... ni...
100 J'ordonne principalement*   *en premier lieu
Qu'on luy baille* legierement**   *donne
                                                  **sans difficulté
Mes brayes, estans aux *Trumillieres*[14],
Pour coeffer* plus honnestement   *coiffer
S'amye* Jehanne de Millieres[15].   *son amie

---

10. Allusion à l'aventure de la dame de Faïel. Son amoureux, réduit au désespoir, mourut
en prescrivant que son cœur fût envoyé à sa « dame ». Celle-ci « le fit richement enchâsser et
garder en ses joyaux » (J. Molinet, cité par Thuasne, II, 14) ; 11. *Ythier Marchant :* fils d'un
riche conseiller au parlement. Est-ce lui le rival heureux de Villon auprès de la mystérieuse
amante qui n'est pas nommée, mais qui pourrait bien être celle que le poète nomme ailleurs
Rose et Denise, Catherine de Vaucelles, qui aurait d'abord été la maîtresse de Sermoise?
(voir *Testament*, v. 661, et le résumé p. 94). Villon n'a pas donné sans raison la première place
à Ythier Marchant ; 12. Le vers,entre autres sens, peut cacher une menace de mort. Jehan le
Cornu, riche clerc de finances, serait donc aussi détesté qu'Ythier Marchant. C'était un
homme mûr, jadis receveur aux aides et même, en 1454, secrétaire du roi, soit, si l'on peut
risquer l'assimilation, quelque chose comme un ministre ; 13. *Robert Valee :* procureur devant
le parlement et la justice du Trésor. Son nom ne reviendra pas dans le *Testament ;* 14. *Trumillieres :* taverne du quartier des Halles ; 15. *J. de Millieres :* une plaideuse de ce nom figure, en
1455, sur le registre des causes criminelles du Châtelet.

Commentaire philologique, grammatical et stylistique.

Vers 75. — *Joye*. Le mot revient sans cesse dans toute la littérature du Moyen Age, où il a fini par exprimer, au sens d'allégresse et de bonheur, un état et un idéal qui, par le « pantagruélisme » de Rabelais, va inspirer tout le xvie siècle en rencontrant l'idéal stoïcien de la sérénité. Dans la littérature amoureuse, précieuse avant la lettre, le mot suggère non seulement la communion des cœurs, mais une sorte de grâce divine émanant de la femme. La transposition religieuse est parfaite : la Cruelle, comme l'Ange du courroux divin, a chassé Villon d'un véritable paradis terrestre. Il est « interdit de joie » comme on l'est de séjour. Ce n'est pas le ton de la conclusion du *Mondain*, mais l'imagerie est la même. C'est aussi la vision de La Fontaine :

> « Plus d'amour, partant plus de joie. »

On voit ici la permanence d'une inspiration.

Vers 76. — *Tout plaisir*. Rodrigue dira de même :

> « Tous mes plaisirs sont morts. »

Les « stances » de Villon sont d'un naturel parfait. Le plaisir de la surprise n'en sera que plus grand dès le vers suivant.

Vers 77. — *Enchassié*. Comme une relique! Mais par le martyr lui-même...

Vers 79. — *Pourchassié*. Le mot est volontiers péjoratif, mais il est tout à fait dans le ton de la littérature amoureuse (voir *la Chatelaine de Vergi*, v. 823).

Vers 81. — *Ythier*. Seul prénom du temps qui n'ait pas survécu. Apparenté au provençal « Itar »? (de « Esther »?).

Vers 83. — *Branc*. C'est l'arme par excellence du chevalier; proprement celle qui « jette des éclairs » en sortant du fourreau. Le mot fait d'autre part avec « acier » et « contenu » une équipe triviale, mais d'un effet qui devait être puissant. Ce lais donne le ton à tous les autres : Villon y parle en prince infortuné; presque tous les mots sont à double sens; il lègue ce qu'il n'a pas; ce qui n'existe pas, ou n'existe plus; il le lègue en le retenant; il le lègue en ironisant sur le nom, la situation ou le caractère du légataire : ici une épée à un homme de robe.

Vers 87. — *Si*. C'est le *sic* latin employé dans ce cas avec le sens de « aux conditions suivantes seulement ».

Vers 88. — *Leur livre*. Entendre « le leur livre », omission assez fréquente, mais assez savante du pronom complément facile à suppléer; voir vers 248.
— *En le rachetant*. Gérondif français se rapportant à *leur* (= à condition qu'ils le rachètent). Cette syntaxe très libre ne serait plus possible aujourd'hui.

Vers 99. — *Ne... ne*. Villon ignore « ni », pourtant apparu au xiiie siècle, et qui ne prévaudra en moyen français que lorsque « ne » aura tendu à se muer en « ni » devant initiale vocalique.

Vers 102. — *Brayes*. Il faut prononcer « bray(e)s ». Sur ce détail de versification, assez fréquent dans Villon, voir l'édition des C. F. M. A., page xxiii.
— *Trumillières*. Il ne s'agit pas seulement de la taverne du quartier des Halles. Les « trumellières » métalliques étaient aux « trumeaux », ou partie antérieure des jambes, ce que sont aux mollets les molletières de naguère. Des braies ne pouvaient se laisser en gage à meilleure enseigne, et Jeanne pourra dire qu'elle portait les culottes.

Vers 104. — *S'*. Elision courante pour « sa amie ». Comparer « m'amie ». « Mon amie » commence à apparaître au xive siècle, sans doute par analogie avec « mon enfant », « mon ami », etc.

──────── **QUESTIONS** ────────

4. Etudiez l'intensité du sentiment et de l'expression. Vous semble-t-elle sincère et vraisemblable, et en accord avec le désir de « vengeance » exprimé?

5. Soulignez la nouveauté du ton.

6. Villon suggère souvent le contraire de ce qu'il dit (en citer d'autres exemples). Y aura-t-il lieu de le croire, touchant lui-même et ses proches?

XIV

105 Pour ce qu*'il est de lieu** honneste,　　　　*parce que **milieu
　　Fault qu'il soit mieulx recompensé :
　　Car* Saint Esperit l'admoneste**,　　　　*que donc **inspire
　　Obstant ce qu*'il est insensé[16] ;　　　　*parce que
　　Pour ce, je me suis pourpensé*,　　　　*j'entends, réflexion faite
110 Puis qu'il n'a sens ne* qu'une aulmoire**,　　　*pas plus **armoire
　　A recouvrer* sur** Maupensé,　　　　*prendre **chez
　　Qu'on lui baille l'Art de Memoire. (7)

XV

　　Item, pour assigner* la vie　　　　*assurer l'existence
　　Du dessusdit maistre Robert*,　　　　*pron. « Robart »
115 (Pour Dieu, n'y ayez point d'envie !)
　　Mes parens, vendez mon haubert[17]*,　　　　*pron. « haubart »
　　Et que l'argent, ou la plus part,
　　Soit emploié, dedans* ces Pasques,　　　　*d'ici à Pâques (= avant la fin de l'année)
　　A acheter a ce poupart
120 Une fenestre* emprès** Saint Jaques[18]. (8)　　*« pas de porte » **près de

XVI

　　Item, laisse et donne en pur don
　　Mes gans et ma hucque de soye[19]
　　A mon amy Jacques Cardon[20],
　　Le glan aussi d'une saulsoye*,　　　　*saulaie

---

16. Robert Vallée, reçu maître ès arts en 1449, était à peine plus âgé que Villon. S'il était aussi borné que celui-ci le laisse entendre, il a pu laisser quelque temps une solide réputation d'imbécile, que diverses aventures auront su, de bonne heure, entretenir. Fort riche, et promptement allié à de puissantes familles de financiers, il était une cible de choix pour l' « écolier » pauvre et bien doué, qui ne le manquera pas à propos d'un procès où il s'est illustré l'année précédente comme procureur de sa femme dans une affaire d'héritage. Ces trois couplets tiennent d'un règlement de comptes de ce genre ; **17.** Villon ne peut posséder de haubert. Aucun chevalier, du reste, n'en porte plus depuis longtemps : autant parler de nos jours, d'un pantalon garance ; **18.** Le vantail de la *fenestre* se rabattait sur la rue et servait d'étal. Il s'agit d'une « fenestre » d'écrivain public, la rue des Ecrivains se situant au voisinage de Saint-Jacques-de-la-Boucherie, non loin du cimetière des Saints-Innocents (voir à ce sujet le *Secrétaire des Saints-Innocents*, 1615). C'est même là l'idée essentielle ; ce clerc est tout juste bon à faire un « secrétaire des Saints-Innocents », le dernier des états pour qui sait tenir une plume ; **19.** *Hucque de soie* : une des pièces les plus élégantes du costume masculin, sous Charles VII, avec ses manches parfois énormes, très renflées aux épaules et boutonnées au poignet. Une hucque de soie devait être sans prix en 1456 ; **20.** *Jacques Cardon* : riche propriétaire parisien, frère d'un riche marchand drapier et chaussetier de la place Maubert, et lié à la fois au cloître Saint-Benoît par le chanoine Jean Cardon et à Notre-Dame par un autre chanoine du même nom. Le dernier procès (un de plus!) entre Saint-Benoît et Notre-Dame, à l'époque du *Lais*, remontait à moins d'un an.

Commentaire philologique, grammatical et stylistique.

Vers 107. — *Car* devant un impératif ou, comme ici, devant un subjonctif, transforme l'ordre en pressante injonction.

Vers 109. — *Pourpensé*. Mot très fort, comme *pourchassié*. A la monumentale stupidité du personnage remédie donc la fine ingéniosité du légateur.

Vers 110. — *Ne... ne que*, « ne pas plus... que ».

Vers 111. — *Sur*. Villon ignore « chez » cependant connu de Charles d'Orléans (voir *Lais*, v. 159).

— *Maupensé*, ou « Pense-Travers », ou « Sans-Cervelle ». Il est naturel que le personnage ait chez lui l'*Art de mémoire*, ouvrage dialectique en latin répandu au XVᵉ siècle, car il voulait ainsi, mais en vain, suppléer à son manque d'esprit. Robert Valée ne sera pas plus heureux : allusion à une inscription funéraire alors courante (« homme d'heureuse mémoire attendant le jugement »). La préséance de l'ordre des rimes sur l'ordre des idées accentue encore le tour épigrammatique de ce legs ; si l'on veut, pour la première fois, voici du Marot.

Vers 114. — *Robert*. En 1582, Henri Estienne fait encore état de la prononciation populaire agréée par Villon dans un poème qui ne l'est pas précisément à tant d'égards. Les trois legs se suivent dans un ordre fort naturel ; le premier est inspiré par un sentiment des convenances ; comme Robert Valée s'en trouve ridiculisé, un second legs le console, mais sans enrichir ce « misérable », et c'est à quoi pourvoit le dernier don.

Vers 121. — *En pur don*. Le don est fait sans condition.

Vers 122. — *Soye* vient régulièrement du latin *sēta*, comme, au vers 127, *croye*, vient de *crēta*, mais ce dernier cas est analogue à celui de *souloit* (v. 16) ; une tendance qui remonte aux environs de l'an 1300 a substitué peu à peu, du moins dans la prononciation, *-aie* à *-oie* après le groupe consonne + *r*.

Vers 123. — *Amy*. Le mot, au singulier, est quasi unique dans Villon. Sans doute faut-il y voir une antiphrase. Le mot ouvre cependant une longue série de legs adressés aux relations du poète, parmi lesquelles, à plus d'une fin, vont figurer quelques figures de la police parisienne.

Vers 124. — *Le glan aussi d'une saulsoye*. Coup double : l'objet du legs s'évanouit ; et l' « ami » gourmand et procédurier peut sentir une allusion à des amours volages et peut-être assez prolifiques, le « saule verdissant » qui prend si aisément racine ayant toujours symbolisé chez nous la fécondité.

━━━ QUESTIONS ━━━

7. Villon distingue fort nettement intelligence et mémoire. N'est-il pas ainsi le premier en date d'une longue suite d'écrivains qui s'occuperont d'éducation?

8. Faites ressortir la cruauté croissante de ces legs.

125 Et tous les jours une grasse oye
    Et ung chappon de haulte gresse*,   *bien gras
    Dix muys de vin blanc comme croye*,   *craie
    Et deux procès, que* trop n'engresse. **(9)**   *pour que

XVII

    Item, je laisse a ce noble homme,
130 Regnier de Montigny²¹, trois chiens²² ;
    Aussi a Jehan Raguier²³ la somme
    De cent frans, prins* sur tous mes biens.   *pris
    Mais quoy **(10)**? Je n'y comprens en riens
    Ce que je pourray acquerir : **(11)**
135 On ne doit trop prendre des siens,
    Ne son amy trop surquerir*.   *presser de requêtes

XVIII

    Item, au seigneur de Grigny²⁴
    Laisse la garde de Nijon²⁵,
    Et six chiens plus qu'a Montigny,
140 Vicestre, chastel et donjon ;
    Et a ce malostru chanjon,
    Mouton²⁶, qui le tient en procès,
    Laisse trois coups d'ung escourjon²⁷,
    Et couchier, paix et aise, es* ceps. **(12)**   *dans les

---

21. *Regnier de Montigny* est le fils d'un panetier du roi. Sa première affaire remonte à 1448 ; il était âgé de dix-neuf ans. En 1452, il sera coup sur coup mêlé à deux affaires. Rusé, violent, toujours sûr de l'appui de sa famille, de bonne heure affilié à la Coquille, voleur, meurtrier, il sera pendu le 15 septembre 1457. Il fut sans doute le « mauvais ange » de Villon, qu'il put connaître de bonne heure au cloître Saint-Benoît où ses oncles Jean et Etienne étaient chanoines ; **22.** Peut-être Montigny ferait-il mieux d'aller à la chasse : ce serait moins périlleux ! **23.** *Jean Raguier* (frère de Jacques, voir v. 145), l'un des douze sergents à verge de la garde du prévôt, n'est pas encore content de son sort. Les Raguier sont de noblesse toute récente ; **24.** *Philippe Brunel :* le type même du mauvais coucheur, toujours en guerre avec ses voisins, même beaucoup plus puissants que lui. Il finira par plaider contre tout le monde. En 1456, il a déjà eu deux procès, dont le plus récent contre Jean Mautaint (voir v. 153). Sans doute était-il plus âgé que Villon, mais il pouvait ne pas excéder la force de l'âge, car il devait voir les premières années du XVIᵉ siècle ; **25.** Château fort entre Chaillot et Passy. La garde des châteaux étant confiée aux vieux chevaliers, le legs ne manque pas d'ironie ; **26.** Rien ne prouve qu'il ne s'agisse pas du Mouton pour qui Villon se fit passer lors de l'affaire Sermoise, auprès du barbier dont il alla chercher les soins. Villon se gardera désormais de toute allusion proche ou lointaine à cette affaire, par remords ou par prudence ; **27.** Il ne s'agit pas d'une simple variété de brodequins, mais d'un appareil retenant les pieds, les mains et parfois la tête du captif.

Commentaire philologique, grammatical et stylistique.

Vers 126. — *De haulte gresse*, expression courante et déjà connue du *Ménagier de Paris* (1392-1394).

Vers 127. — *Blanc comme croye*. La comparaison est cocasse, et conviendrait à du lait : Villon s'est amusé, à propos d'une expression où *blanc* n'est somme toute qu'une approximation (« le vin blanc »), à nous donner la surprise d'une comparaison où il a toute sa force. Il en résulte une plaisanterie « chargée... comme un fusil ».

Vers 128. — *Que*, afin que.

Vers 132. — *Prins*. *Prendre* s'est d'abord dit *prindre*, qui a longtemps conservé une conjugaison complète. Villon prononçait *pris* mais il écrivait toujours *prins* (*Lais*, v. 187).

Vers 140. — *Vicestre*, notre Bicêtre, château fort construit à l'emplacement du manoir du capitaine anglais Jean de Winchester.

Vers 144. — *Paix et aise*. *Paix* tire du voisinage de *aise* une valeur d'adjectif. C'est une première hardiesse.
— *Aise*. Le mot est plus fort que « content ». C'est presque le ravissement. Le vers se termine sur les *ceps* : c'est une surprise! La strophe précédente se terminait sur un ton sentencieux...

──── **QUESTIONS** ────

9. Villon traite-t-il Cardon en ami?

10. Précisez la valeur de transition de l'interrogation initiale.

11. Le futur éclaire-t-il les circonstances de composition du poème et les intentions du poète?

12. Pour peu que Villon se soit un jour assimilé à Mouton, montrez l'intérêt du vers 141 pour la connaissance de Villon. Doit-on considérer comme une insulte, ou une accusation de bonne foi, l'expression *malostru chanjon*?

XIX

145 Et a maistre Jaques Raguier[28]
   Laisse l'*Abruvouër** *Popin*[29], (13)   *abreuvoir
   Perches, poussins au blanc mangier,
   Tousjours le chois d'ung bon loppin*,   *morceau
   Le trou* de *la pomme de pin*,   *taverne
150 Clos et couvert, au feu la plante,
   Emmailloté en jacoppin[30] ;
   Et qui voudra planter*, si plante.   *se divertir

XX

   Item, a maistre Jehan Mautaint
   Et maistre Pierre Basanier[31],
155 Le gré du seigneur qui attaint
   Troubles, forfaiz, sans espargnier ;
   Et a mon procureur* Fournier[32],   *avoué
   Bonnetz cours, chausses semelees,
   Taillees sur* mon cordouannier**,   *chez **bottier
160 Pour porter durant ces gelees. (14)

XXI

   Item, a Jehan Trouvé[33], bouchier,
   Laisse *le Mouton* franc* et tendre,   *de première qualité

---

28. *Jacques Raguier :* personnage encore mal identifié ; **29.** Sur la rive droite de la Seine. Le legs est ironique pour ce grand buveur, qui pourra se dédommager rue de la Juiverie, chez Robin Turgis, à la *Pomme de pin;* **30.** C'est-à-dire vêtu de laine comme un dominicain de la rue Saint-Jacques ; **31.** Il s'agit de deux « examinateurs », ou commissaires chargés des enquêtes auprès du prévôt : l'un et l'autre ont l'air pour le moment d'être assez mal en cour. Leur maître sait sans doute trop de choses sur leur compte. *Mouton, Mautaint, Basanier,* la fantaisie verbale est plus concertée que l'on ne croit. De plus, les deux derniers noms, évoquant un teint plus ou moins cireux et basané, sont nettement péjoratifs : de tout temps, le Moyen Age fera du hâle et de la blancheur de la peau les caractères respectifs de la condition du vilain et du seigneur. Enfin, la basane par elle-même est un produit de qualité inférieure, comparée au « cordouen », ou cuir, comme l'atteste Coquillart en 1477. Le règlement du *Livre des métiers* interdisait du reste, dès le milieu du XIIIᵉ siècle, d'employer l'une pour l'autre. L'aristocratie du « baron » Villon n'en sera que plus sensible au vers 159 ; **32.** *Pierre Fournier* est bien procureur au Châtelet, mais c'est de la communauté de Saint-Benoît : un vrai coupeur de liards en quatre, condamné pour ladreries diverses en 1451 et en 1454 ; **33.** Le legs important n'est pas celui des enseignes à *Jean Trouvé,* c'est celui d'un voleur à la police, d'un voleur que Villon aide à poursuivre! Jean Trouvé est un valet de boucher querelleur et batailleur, encore récemment en plein procès! Pas question pour les étudiants de lui dérober un « lopin ». Il mérite donc, sous forme d'enseignes, ce mouton, ce bœuf et cette vache qu'il défend si bien à l'étal de son maître Jean Haussecul. Mais justement la vache n'y est plus : au voleur! et autant pour vous, messieurs de la police. Cas unique d'un legs interrompu par un autre.

Commentaire philologique, grammatical et stylistique.

Vers 146. — *Popin.* Accompagné d'un geste et prononcé de certaine manière, ce nom pouvait passer pour la transcription masculinisée du latin *popina*, et suggérer... « cabaret » !

Vers 149. — *Trou.* On descendait pour entrer dans cette taverne.

Vers 150. — *Clos et couvert.* Jules Verne emploie encore l'expression (*l'Ecole des robinsons*, éd. Hetzel, 1968, p. 131). Au point de vue juridique, elle indique le bon état des murs et de la couverture. Ici, renforcée par le pittoresque *emmailloté* du vers suivant, qui, avec *jacoppin*, évoque un manteau de laine, c'est déjà la vision rabelaisienne ; c'est tout aussi bien la formule de La Fontaine :

> « Bon souper, bon gîte, et le reste. »

Vers 152. — *Planter* fournira des équivoques même à Corneille.

Vers 154. — *Et maistre* serait obligatoirement « et à maistre... ». Ce couplet forme diptyque avec le précédent ; au procureur (voir *Testament*, v. 1231), donner en plein hiver des chaussures d'été ! L'intention facétieuse est soulignée par la familiarité un peu cruelle du tour : « *mon procureur...* ». Entre-temps, la solennité toute biblique des vers 155-156 qui louent l'ubiquité et de la toute-puissance du prévôt de Paris, dont l'on souhaite la « grâce », à des subordonnés un peu tièdes.

— *Basanier.* Villon joue sur le mot, et voit dans ce notaire au Châtelet un marchand de basane.

Vers 162. — *Franc.* C'est la désignation la plus flatteuse dont puisse être digne un homme ou, comme ici, un animal. Mais il y a surprise, car « mouton franc » signifie « bélier » !

13. En quoi réside l'antiphrase?
14. Cette strophe a-t-elle gardé un intérêt immédiat?

Et ung tacon* pour esmouchier   *martinet
Le Beuf Couronné qu'on veult vendre,
165 Et *la Vache :* qui pourra prendre
Le vilain qui la trousse au col*,   *charge sur son cou
S'il ne la rent, qu'on le puist pendre
Et estrangler d'ung bon licol! **(15)**

XXII

Item, au Chevalier du Guet[34],
170 Le *Hëaulme** luy establis ; **(16)**   *trisyll.
Et aux piétons* qui vont d'aguet   *sergents à pied
Tastonnant par ces establis*,   *parmi les étaux
Je leur laisse ung beau riblis*,   *objet volé
La *Lanterne* a la Pierre au Let[35]*.   *Lait
175 Voire*, mais j'auray les *Troys Lis,*   *Oui, mais...
S'ilz me mainent en* Chastellet. **(17)**   *au

[Ici, un legs sarcastique à Perrenet Marchand ; c'est un « policier »
en vue, l'un des douze sergents à cheval, garde du prévôt de Paris,
Robert d'Estouteville, officier royal placé à la tête du Châtelet de
Paris, l'équivalent du préfet de Paris d'aujourd'hui. Le poète n'a pas
manqué l'occasion, obscure pour nous, de se venger de quelqu'un à
qui il a sans doute quelque raison d'en vouloir.]

XXIV

185 Item, au Loup et a Cholet[36]
Je laisse a la fois* ung canart[37]   *indivis
Prins sur les murs, comme on souloit,
Envers* les fossez, sur le tart,   *près des
Et a chascun ung grant tabart
190 De cordelier jusques aux piez,
Busche, charbon et poix* au lart,   *pois
Et mes houseaulx* sans avantpiez[38]**. **(18)**   *bottes **empeigne

---

34. Jean de Harlay. L'affaire commence. Elle durera trois ans, pendant lesquels on aura un
chevalier et un « anti-chevalier » du guet : Jean de Harlay, par la protection du prévôt, face à
Philippe de la Tour, qui finira par gagner, et qui ne reconnaît pas la cession amiable que le
titulaire investi de sa main, un certain Villerobert, avait faite de cet office à un homme de
noblesse peu prouvée (sinon par le legs même de Villon!) ; **35.** Sorte de perron où l'on vendait
du lait, près de l'église Saint-Jacques ; **36.** Deux individus qui devaient faire la paire : Le Loup
a déjà été condamné par la Ville en 1456 ; **37.** Somme toute, Villon lègue à chacun la moitié
d'un canard, autrement dit rien, selon le proverbe. Ce n'est pas un « legs » de baron : ainsi se
prépare peu à peu le couplet final ; **38.** Legs scabreux.

Commentaire philologique, grammatical et stylistique.

Vers 167. — *Qu'on le puist pendre*. C'est un legs comme un autre ; à propos de Jean Trouvé, Villon donne à qui veut un voleur à pendre et d'abord à rattraper, où à trouver. Outre l'effet produit par le spectacle d'un homme qui se sauve avec une vache sur les épaules, et qui est peut-être le motif de l'enseigne même, peut-être une image du Bon Pasteur, tout sollicite la curiosité : trop d'équivoques subsistent sur la Vache en question, sur le verbe « trousser », sur le vilain (et si c'était notre « baron » ?) et sur le vol même, peut-être réellement commis en 1451-1454, au moment de l'affaire du Pet au Diable.

Vers 171. — *D'aguet*. Cette locution survivra longtemps (= sur ses gardes) ; tout suggère que c'est une allusion à l'étroitesse et à l'obscurité des rues : le guet n'avance qu'à tâtons!

Vers 175. — *Voire*. Soit! Maintenant receleur d'objets volés, le guet doit accepter les conditions du voleur.

— *Lis*. Il peut aussi bien s'agir de lits que de lis, que le poète écrit ailleurs « lys ». De toute façon, il s'agit d'une cellule de « luxe ».

Vers 187. — *On*. Très compromettant pour les policiers si « on » signifie « nous », ou très humiliant si « on » signifie la sympathie ironique du donateur : dans le premier cas, les gendarmes sont des voleurs ; dans le second, ce sont de petits polissons.

Vers 189. — *Tabart*. Villon se paie décidément la tête des policiers : ces chevaliers de la rapine méritent bien la noble casaque de guerre d'un haut baron, mais, en l'occurrence, elle les couvrira de ridicule, car un tabart n'était pas précisément long. Ils iront prendre le leur chez un cordelier ; autant demander une armure à un moine! Mais le long manteau de cordelier aura l'utilité que l'on devine : Villon met l'accent sur l'impayable déguisement des deux compagnons, et le couplet s'inscrit ainsi dans toute une « littérature burlesque ».

QUESTIONS

---

15. Analysez l'extraordinaire impression de vie que laisse ce couplet.

16. Précisez le ton de ce vers.

17. Etudiez la verve du passage, vers 121-176 (puissance et caprices de l'association des « idées » : 123, 136 ; 130, 139, 142, 154, 158-159, 162 ; 166, 173 ; 144, 152, 175).

18. Y a-t-il dans le *Lais* beaucoup de couplets qui puissent rivaliser de bonheur avec celui-ci? Lesquels? Qu'en concluez-vous sur l'art de Villon?

XXV

Item, je laisse*, en** pitié,   *dissyll. **par
A trois petis enfans tous nus
195 Nommez eñ ce present traictié*,   *écrit
Povres orphelins impourveus*,   *mal pourvus
Tous deschaussiez, tous desvestus
Et desnuez comme le ver ;
J'ordonne qu'ilz soient* pourveus,   *dissyll.
200 Au moins pour passer cest yver :

XXVI

Premierement, Colin Laurens[39],
Girart Gossouyn[40] et Jehan Marceau[41],
Despourveus de biens, de parens,
Qui n'ont vaillant l'ance* d'ung seau   *anse
205 Chascun de mes biens ung fesseau[42]*,   *faisceau, botte
Ou quatre blans[43], s'ilz l'ayment mieulx.
Ilz mengeront maint bon morceau,
Les enfans, quant je seray vieulx[44] !

XXVII

Item, ma nominacion[45],
210 Que j'ay de l'Université,
Laisse par resignacion[46]
Pour seclurre* d'aversité   *préserver
Povres clers de ceste cité
Soubz cest *intendit*** contenus ;   *acte
215 Charité m'y a incité,
Et Nature, les voiant nus[47] :

---

39. Riche épicier, spéculateur sur le sel : un véritable oiseau de proie, connu par de retentissants procès en 1452 et en 1454 ; **40.** Notaire au Châtelet, usurier âpre et cynique, spéculateur sur le sel. Venait de perdre un procès commencé en 1422 ; **41.** Prêteur sur gages. Le plus redoutable peut-être des trois, et dont la pingrerie promettait beaucoup. Il s'agit donc encore, non d'un indigent, mais d'un richissime bourgeois, non d'un enfant, mais d'un homme mûr, venant après deux vieux ladres. Orphelin ? Pour cela, c'est vrai ; **42.** Le legs peut cacher une intention scabreuse ; **43.** Petite monnaie d'argent ; **44.** Un recoupement de dates permet d'attribuer à Gossouyn au bas mot une soixantaine d'années, soit plus du double de l'âge de Villon : on devine où seront les « orphelins » quand lui-même sera vieux ; **45.** Lettre authentiquée du sceau de l'Université, autorisant un maître ès arts à obtenir un bénéfice ecclésiastique ; **46.** Autre terme technique : Villon avait le droit de se démettre de sa nomination au profit d'un autre « clerc » (entendre d'un homme appartenant à l'Eglise, sans nécessairement être prêtre) ; **47.** Villon est bon devant Dieu et devant les hommes.

Commentaire philologique, grammatical et stylistique.

Vers 193. — Nouvelles séries de legs, consacrés aux œuvres de miséricorde, inspirées par la charité... et par l'amour de l'humanité, comme dirait Molière. Mais ce n'est pas don Juan qui parle déjà : Villon se sert de catégories en usage dans la scolastique.

Vers 201. — *Premièrement*. Après un couplet attendrissant, qui suscite notre curiosité à l'égard des noms annoncés en bon lieu (v. 195), ce mot atteint la solennité d'une proclamation. — *Colin Laurens*. Effet de détente irrésistible. Voir la note 39.

Vers 205. — Vers fort elliptique. Entendre : (à) chacun (je donne). Ailleurs Villon dit : « A chacun... » (v. 189).

Vers 208. — De sarcastique, Villon devient macabre, pour la joie de son auditoire. Observer le pleur final de tendresse. C'est ce Villon-là qui « rit en pleurs ».

Vers 209-228. — Avec un sens inné du théâtre, Villon refait la scène en amplifiant les effets.

Vers 212. — *Seclurre*. Equivaut exactement à notre verbe « exclure ».

Vers 213. — *Clers*. Chute du *c* final devant le *s* du pluriel.

Vers 216. — *Voiant*. Villon écrit encore régulièrement « v(e)oir » et « v(e)u », mais il n'a nulle part « veant », disparu de la langue devant la concurrence de « voyant » et signifiant « interdisant ». Le participe renvoie à « m' » du vers précédent selon une syntaxe toute latine, ou à « Nature », sans grande différence de résultat, selon une syntaxe toute moderne.

XXVIII

C'est maistre Guillaume Cotin[48]
Et maistre Thibault de Victry[49],
Deux povres clers, parlans latin,
220 Paisibles enfans, sans estry*,   *hargne
Humbles, bien chantans au lectry* ;   *lutrin
Je leur laisse cens* recevoir   *redevance
Sur la maison Guillot Gueuldry[50],
En attendant de mieulx avoir.

XXIX

225 Item, et j'adjoings a la crosse
Celle de la rue Saint Anthoine*,   *(= Antoène)
Ou ung billart[51]* de quoy on crosse,   *queue de « billard »
Et tous les jours plain pot de Saine ; (19)
Aux pijons qui sont en l'essoine*,   *dans la peine
(=essoène)
230 Enserrez soubz trappe volliere*,   *cage à oiseaux
Mon miroüer bel et ydoine*   *bel et bon
Et la grace* de la geolliere.   *bienveillance

XXX

Item, je laisse aux hospitaux
Mes chassiz tissus d'arigniee*,   *de toiles d'araignée
235 Et aux gisans[52]* soubz les estaux,   *à ceux qui couchent
Chascun sur l'œil une grongniee*,   *un pochon
Trembler a chiere* renfrongniee,   *figure
Megres*, velus et morfondus**,   *maigres **pituiteux
Chausses courtes, robe rongniee*,   *raccourcie
240 Gelez, murdris* et enfondus**. (20)   *meurtris **trempés

---

48. Conseiller au parlement et chanoine de Notre-Dame, l'un des juristes les plus en vue et les plus déterminés dans le récent procès de cette église contre Saint-Benoît ; **49.** On ne sait rien de bien précis sur cet autre chanoine de Notre-Dame, lui aussi très vieux et très riche ; **50.** C'est la maison donnée en 1423 par Guiote de la Marche à Laurent Gueuldry. Ce boucher se trouvait, pour son étal, locataire de la communauté de Saint-Benoît, et indirectement du chapitre de Notre-Dame ; il ne leur versait pas un liard, et la communauté de Saint-Benoît lui fit un procès en 1456. Villon lègue donc aux uns ce qui est dans la poche de l'autre. On voit dès lors en quoi consiste le jeu de mots (« cens » = « sans », même prononciation) du vers 222 ; **51.** A propos de la forme de l'ancien billard, du billard de terre, devenu notre croquet, on songera au « club » de nos joueurs de golf. Voir le mot « billard » dans le *Larousse du XXᵉ siècle*, et surtout la gravure, très suggestive, qui fait bien apparaître les analogies du billard de terre et du croquet, et du « billard » et de la crosse ; **52.** Les clochards du temps. Quoi qu'il en soit, ces vers ne sont pas du « povre Villon », qui n'apparaît nulle part dans le *Lais*, pas même dans le dernier couplet, qui n'est pas le moins énigmatique.

Commentaire philologique, grammatical et stylistique.

Vers 219. — *Povres*. Forme phonétique de « pauvre », forme savante refaite sur *pauper*.
— *Parlans*. L'invariabilité du participe présent, alors inconnue, ne sera de règle qu'en 1679.

Vers 220. — *Estry*. Humeur querelleuse. De l'allemand *Streit*.

Vers 222. — *Cens*. Pour l'œil, « redevance » ; pour l'oreille ; « sans recevoir (d'argent) » :
c'est le type même de la « construction louche ». Le poète avait sans doute écrit « sans »,
mais la duplicité demeure.

Vers 225. — *La*. « Adjoindre à la crosse (d'un évêque) » signifie « couronner le tout » : vers
initial prometteur! Dévorés d'ambition sénile, ces vieux richards, caricaturés dans leur fonction capitulaire (voir les cardinaux romains des *Regrets* de du Bellay), aspirent à l'épiscopat.
Ils veulent « la » crosse et, dans leur rêve, ils l'ont déjà, comme Perrette a déjà dans le sien un
porc de « grosseur raisonnable ».

— *Crosse*. Le mot a de tout temps signifié « béquille » (de « bec »?), apparu fort tard dans
notre langue. On voit l'allusion. Villon va pousser la férocité jusqu'à les mettre à l'eau, pour le
régime.

Vers 227-228. — *Saine/essoine*. Pour la rime des sons « oi » et « ai », voir le commentaire au
vers 127.
— *Pijons*. En réalité des « étourneaux », « alouettes » ou « linottes », qui se sont laissé
« pigeonner ».

Vers 231. — *Mirouër*. Consoler les « alouettes » en leur léguant ce par quoi elles ont
succombé! Présent du reste sarcastique : rien ne devait devenir plus rapidement laid qu'un
homme sous les verrous... Qu'ils comptent après cela sur leurs charmes pour améliorer le gîte
et le couvert! Villon renouvelle son imagerie avec un bonheur qu'il ne tentera plus dans le
Testament.

Vers 230-232. — *Volière-geôlière*. La métaphore est d'autant plus naturellement filée que
« volière » se disait « geôle ».

QUESTIONS

19. Faites apparaître la symétrie et la gradation des effets des strophes XXIV-
XXVI et XXVII-XXIX (v. 228).

20. Quelle est à tous égards la valeur documentaire des vers 229-240?

XXXI

Item, je laisse a mon barbier
Les rongnëures* de mes cheveulx,   *rognures
Plainement et sans destourbier* ; **(21)**   *sans réserve
Au savetier mes souliers vieulx,
245 Et au freppier mes habitz tieulx*   *tels
Que quant du tout je les delaisse ;
Pour moins qu'ilz ne cousteront neufz
Charitablement je leur laisse.

XXXII

Item, je laisse aux Mendians[53],
250 Aux Filles Dieu[54] et aux Beguines[55],
Savoureux morceaulx et frians,
Flaons*, chappons, grasses gelines**,   *flans **poulardes
Et puis preschier les Quinze Signes[56],
Et abatre pain a deux mains. **(22)** [...]

[Peu importe du reste à Villon la vie privée des moines et des nonnes. On est toujours exposé à commettre quelques oublis : il est toujours temps de réparer. Jean de la Garde et un inconnu, que Villon place à l'origine de ses malheurs, reçoivent l'un un legs humoristique et l'autre un legs vengeur (v. 255-264). Voici le dernier legs, qui vient singulièrement nuancer la malédiction précédente (v. 263), et d'autant plus significatif qu'il a pour pendant la « Ballade de mercy » dans le *Testament*.]

XXXIV

265 Item, je laisse a Merebeuf[57]
Et a Nicolas de Louvieux[58],

---

53. Les dominicains (ou jacobins, ou prêcheurs) de la rue Saint-Jacques ; les franciscains (ou cordeliers, ou frères mineurs), près de la porte Saint-Germain ; les célestins, ou franciscains de stricte observance, qui ont donné leur nom à leur quartier ; les carmes, de la place Maubert ; les augustins, sur la rive gauche. Ils étaient en conflit permanent avec le clergé séculier, auquel ils disputaient les fidèles. La querelle avait repris en 1449. En 1456, l'Université ayant fait alliance avec les curés, les ordres mendiants portent l'affaire devant le parlement. La vieille tradition gauloise dut alors connaître un regain de faveur, et les moines passèrent plus que jamais pour gourmands, buveurs, fainéants et paillards ; **54.** Ou dévotes du faubourg Saint-Denis. Toujours nommées les premières dans un testament : c'étaient des sœurs hospitalières ; **55.** Association de femmes et de jeunes filles pauvres, vivant en commun du travail de leurs mains, sans prononcer de vœux perpétuels ; **56.** Les quinze signes annonciateurs du Jugement dernier, thème fréquent des prédicateurs d'alors. Un poème nous est parvenu sous ce titre ; **57.** Héros, en 1454, d'une affaire qui préfigure étonnamment *la Farce de Maître Pathelin* ; **58.** Riche marchand, échevin de Paris en 1444 et en 1449, receveur des aides depuis 1454. Apre au gain, sans avoir encore été mêlé à aucune affaire, et déjà légendaire par sa seule rapacité.

Commentaire philologique, grammatical et stylistique.

Vers 241. — Villon pense maintenant à ses serviteurs et à ses fournisseurs. Le genre l'exigeait.

Vers 242. — *Rongnëures*. Le mot a subsisté dans la langue actuelle.

Vers 244. — *Savetier*. Nous nous contenterons de renvoyer au « cordouannier » (v. 159); clin d'œil du poète.

Vers 245. — *Tieulx. Talem* a régulièrement donné « tel », et au cas sujet « tels », puis, par palatisation de *l*, « teus », puis, par simplification graphique, « tex », puis, par réaction de la prononciation sur l'écriture, « teux ». Pour la rime, Villon intercale un *i* et restitue un *l* étymologique, pour les yeux, appelé par le *l* de « cheveulx » (Capil*l*os) et de « vieulx » (Vetu*l*um). Ailleurs, il écrit « telz » (v. 272).

Vers 246. — *Du tout*. Répond, selon nous, au vers 243, et signifie « jusqu'au dernier », et non « à jamais ». *Quant* n'est pas conditionnel mais temporel, et *délaisse* est un présent d'habitude : Villon suggère qu'il couche nu, comme on le fera longtemps encore, et *tieulx* finit par exprimer la quantité et non la qualité. Ainsi apparaît la symétrie des deux legs, que fait apparaître la ponctuation adoptée.

Vers 249. — Villon passe maintenant aux « fondations pieuses » : autre loi du genre.

Vers 250. — *Filles Dieu*. Filles (de) Dieu. Voir *Testament*, vers 6.

Vers 253. — *Signes*. Prononcer : « sines ». Jusqu'en plein XVIIᵉ siècle, dans les mots savants, comme c'est ici le cas, on a hésité entre cette prononciation et la prononciation actuelle en « igne ». Les armes parlantes de Racine étaient un rat et un cygne.
— *Preschier*. Comme précédemment *trembler* (v. 237), cet infinitif est sur le même plan que les substantifs qui étoffent la première moitié de la strophe : effet de surprise. Voir vers 144 et *Testament*, vers 1165.

Vers 254. — *Pain*. Nous disons de même de la « galette » et « abattre de la besogne ».

─────── **QUESTIONS** ───────

21. Appréciez la formule de ce vers.
22. Sommes-nous fondés à parler de satire?

A chascun l'escaille d'ung œuf,
Plaine de frans et d'escus vieulx.
Quant au concierge de Gouvieulx[59],
270 Pierre de Rousseville, ordonne,
Pour le donner entendre mieulx,
Escus telz que le Prince donne[60]. **(23)**

XXXV

Finablement, en escripvant,
Ce soir, seulet, estant en bonne*,   *en bonne disposition
275 Dictant* ce laiz et descripvant**,   *composant **rédigeant
J'oïs* la cloche de Serbonne[61]**,   *entendis **Sorbonne
Qui tousjours a neuf heures sonne
Le Salut que l'Ange predit* ;   *la Salutation angélique
Si* suspendis et y mis bonne   *aussi
280 Pour prier comme le cuer dit*. **(24)**   *d'un élan du cœur

[Au cours de sa prière, Villon « s'entroublie » (v. 281) [pour aller commettre son vol?]. Nouveau changement de ton : il décrit ce trouble mental, un peu lourdement, et tous les manuscrits ne donnent pas les deux strophes de cette parodie, qui nous semble laborieuse, du langage scolastique. Il se reprend, et songe à la rédaction de son « lais », et c'est la brève conclusion de ce recueil au demeurant plus facétieux que cruel (v. 281-306) si l'on tient compte du relief du legs final.]

XXXIX

[. . . . . .]
Je cuidé* finer** mon propos*** ; **(25)**   *crus à tort **finir
                                                        ***ouvrage
Mais mon ancre* trouvé gelé   *encre
Et mon cierge* trouvé soufflé ;   *flambeau
310 De feu je n'eusse peu finer[62] ;   *me procurer
Si* m'endormis, tout enmouflé** ,   *alors **emmitouflé
Et ne peus* autrement finer.   *pus

---

59. Gouvieux, dans l'Oise. Pierre de Rousseville est le « concierge » d'une chaussée à péage traversant un étang. La précarité des rentrées entraîna vite celle des « bureaux ». Pierre de Rousseville, depuis le 18 juillet 1455, avait du reste un procès au parlement de Paris ; **60.** Voir le commentaire grammatical. Aujourd'hui, on dirait de la monnaie de singe ; **61.** C'est en même temps l'unique Angélus quotidien, et le couvre-feu universitaire. Ce sera l'heure du rendez-vous à la Mule, avant le cambriolage du collège de Navarre (de dix heures à minuit) ; **62.** Ce fut longtemps toute une affaire que de se procurer du feu. « Quand la chandelle est morte » est le sujet d'une de nos plus charmantes chansons populaires.

Commentaire philologique, grammatical et stylistique.

Vers 269. — *Quant.* Villon ne connaît que *« quant »*, venu de *« quantum »*, même au sens de *« quand »*, venu de *« quando »*, dont le *d* n'a pas encore été rétabli par réaction étymologique.

Vers 270-271. — Les ellipses rendent un peu sibyllin ce qui doit être souligné par le ton et atténué par le geste. Nous entendons : « Je lui destine des écus tels qu'en donne le Prince (des sots!), pour qu'il entende mieux le donner (= ce que c'est que donner). » Ce « concierge » devait être un fameux pingre! Et il aura maintenant de quoi se montrer prodigue. On observera ici la survivance d'un très vieux tour directement calqué sur le latin, qui veut que le complément d'un infinitif précédé d'une préposition s'intercale entre la préposition et le verbe, dans l'ordre où nous aurions *ad donum intelligendum.* La difficulté vient ici de la substitution d'un infinitif substantivé à un nom : « pour la générosité comprendre » serait clair. Ce tour, avec substitution de « à » à « pour », devait survivre fort longtemps. Agrippa d'Aubigné l'utilise encore.

Vers 276. — *Oïs.* C'est le verbe de la perception des sens. « Entendre » (v. 271) est le verbe de la perception de l'esprit. Au sens physique, il est encore inemployé dans certains dialectes.

Vers 279. — *Bonne.* Du celtique « bod(i)na », devenu « bosne », puis « borne », et apparenté à « abonner ».

Vers 308. — *Ancre.* Masculin. Mot fort savant (du grec *encauston,* avec épenthèse d'un *r,* comme dans « chanvre ».
— *Trouvé* pour « trouvay », simple confusion de copiste (voir *Testament,* couplet CXXXI).

Vers 312. — *Finer.* Revient trois fois dans le même huitain, avec le sens de « se procurer » intercalé entre deux acceptions rigoureusement identiques (« terminer »). Voir le triple « trouver » de Gaspard Hauser, dans Verlaine, *Sagesse,* également inaperçu : l'art des deux poètes est le même.

QUESTIONS

23. S'il ne s'agissait pas d'un « oubli », où eût-il fallu placer ce couplet? Montrez que son caractère de conclusion n'en apparaît que mieux là où il est.

24. Essayez d'analyser la grâce de ce couplet.

25. Le *lais* n'était-il donc pas terminé?

XL

Fait au temps de ladite date
Par le bien renommé Villon,
315 Qui ne menjue* figue ne date   *mange
Sec et noir comme escouvillon,
Il n'a tente ne pavillon
Qu'il n'ait laissié a ses amis,
Et n'a mais* qu'ung peu de billon**   *plus **monnaie
                                               de faible valeur
320 Qui sera tantost* a fin mis. (26) (27)   *tout à l'heure

Commentaire philologique, grammatical et stylistique.

Vers 314. — *Renommé*. Allusion au talent reconnu du poète (v. 71) et sans doute aussi à la droiture de ses mœurs (voir, à propos de l'affaire Sermoise, la lettre de rémission) : ce couplet n'est pas plus perfide que le couplet IX. Villon est à cent lieues de croire qu'il sera un jour découvert, et il peut fort bien croire son honorabilité au-dessus de tout soupçon. Le vol du collège de Navarre ne sera du reste découvert que fort tard ; le premier complice se livrera plutôt qu'il ne sera lui-même découvert, et Villon ne sera mêlé de notoriété publique à cette affaire que le 17 mai 1457. Ceux qui ne croient pas à Villon entendent volontiers : « par celui qui, à juste titre, a reçu le second nom de Villon » (voir Notice, p. 9).

Vers 315. — *Menjue*. Théoriquement, le verbe *mangier* (ou : *mengier*, ici) se construit sur deux radicaux, selon la place de l'accent latin : *manduco* (avec l'accent sur le *u* long) devrait donner *mandu*, cependant que *manducare*, avec accent sur le *-a* suffixal donne *mangier* (avec les intermédiaires *mandgare, mandjare*). En fait, avant l'époque des premiers textes, le radical *mang-* s'est généralisé, et *manju*, 3ᵉ pers. *manjue* résultent de la contamination des deux radicaux *mand-* et *mang-*. La conjugaison du présent de l'indicatif est : *manju, manjues, manjue, manjons, mangiez, manjuent*.

Vers 317-320. — *Pavillon/billon*. Le sens et surtout l'ordre des mots sont suggestifs : plus de « baron », pas de « bon follastre », pas encore de « povre Villon », mais seulement un « écolier », mourant, sinon de faim, de froid.

────── **QUESTIONS** ──────

26. Il est d'usage de rapprocher le couplet XXXIX et une strophe de Musset (*Namouna*, I, 74). Ne pourrait-on en faire autant entre ce couplet final et *Rêve parisien*, vers 53-60, de Baudelaire, toute proportion gardée? Peut-on parler de dérobade de la part de Villon?

27. SUR L'ENSEMBLE DU LAIS. — Etudiez :
— le pittoresque et notamment l'art du trait final ;
— le génie dramatique de Villon ;
— l'art de la rime et le chant de Villon ;
— la portée du trait ;
— l'étendue de l'inspiration ;
— le « classicisme » de Villon.

DU LAIS AU TESTAMENT

Pour autant que l'on puisse situer entre le *Lais* et le *Testament* (voir Notice, p. 16), la *Ballade des proverbes,* celle des *Menus Propos* et des *Contrevérités,* l'on peut dire que l'expérience de Villon s'étend et se précise. Toute proportion gardée, l'« histoire » de sa pensée n'est pas sans préfigurer l'évolution qui, en dix ans, a fait de l'auteur de *la Cigale et la Fourmi* l'auteur du *Paysan du Danube* ou des *Animaux malades de la peste.* Sa poésie se fait intérieure. Sans doute serait-il ambitieux de parler d'art de vivre, mais c'est alors qu'il s'avertit lui-même que

« Tant raille on que plus on n'en rit »,

PROVERBES

qu'il constate qu'il est en train de changer :

« Prince, tant vit fol qu'il s'avise* »   *devient sage

(ibid.)

et qu'il déclare au coin d'un envoi :

« Je congnois* Mort qui tout consomme** ».   *connais **détruit

MENUS PROPOS

En 1458, il participe à la fiction littéraire qui dure depuis 1450 environ sous le nom de concours de Blois (voir Charles d'Orléans, *Ballade C*) : entre un accent préapollinairien :

« En mon páis suis en terre lointaine »,

et un trait que l'on retrouverait dans Max Jacob :

« Au point du jour dis : « Dieu vous doint* bon soir! »,   *donne

il redit, après tant d'autres mais avec sa vérité,

« Je ris en pleurs . . . . . . »

Du reste, poète errant, homme peut-être difficile à vivre, tôt accueilli, tôt repoussé,

« Bien recueully, debouté de chacun »,

il a un mot fort heureux pour caractériser, peut-être, ce que cent ans plus tard il eût sans doute appelé son inspiration (à vrai dire le mot était déjà né) et qu'il nomme « science », « un soudain accident », entendons probablement certaine illumination instantanée. Ce n'est pas qu'il n'ait lu; son bagage, à tout prendre, est même excellent, et Villon est au fait de la poésie antérieure autant que quiconque, même s'il est relativement peu rompu au maniement du « vieil langage français »; mais seul comptera pour lui le moment où chanteront d'une seule venue les couplets de la BALLADE DES DAMES DU TEMPS JADIS.

Nous ne sommes pas loin de l'époque où le « pauvre escolier Françoys », encore qu'il avoue tout connaître, sauf lui-même, ne saura cependant guère parler que de lui-même à propos de sa folle jeunesse, de ses torts et de ses malheurs, et de l'Amour et de la Mort, et à propos de la Fortune et à propos de Dieu. C'est même ce « moi » unique (« parcial ») et pourtant universel (« a toutes loys commun ») qui couronne la *Ballade du concours de Blois :* personne et nature humaines, notations encore bien fugaces, mais qui longtemps encore attendront Montaigne.

Gardons-nous cependant de toute anticipation. L'homme est encore celui du *Lais,* le « bon follastre », le « bon garçon » qu'il restera au sortir de la captivité de Meung-sur-Loire : à preuve les insouciances des ballades qu'il compose au fil des jours, et qu'il enchâssera dans son grand poème, avec cet épanouissement toutefois que la pensée prendra alors la dimension suprême de l'Invisible (voir Notice, p. 11) comme en son lieu surnaturel. Ballades POUR PRIER NOSTRE DAME, A SA FAULSE BEAUTÉ (v. 1458?), à JEHAN D'ESTOUTEVILLE, ballades des LANGUES ENVIEUSES (postérieure à un passage à Bourges?), des CONTREDITS DE FRANC GONTIER, des FEMMES DE PARIS, des DAMES DU TEMPS JADIS, ballades de la GROSSE MARGOT et, enfin, après le 9 janvier 1461, de JEHAN COTART, il est vain de chercher dans tout cela l'écolier de douleur formé sur le tard par l'adversité.

C'est aussi l'époque où, par bonheur, Villon aurait écrit (la pièce est contestée, mais elle s'apparente à merveille à la manière de PROBLÈME, qui, lui, ne l'est pas) cette curieuse ballade CONTRE LES ENNEMIS DE LA FRANCE, dont l'intérêt est de faire apparaître en notre poète, face au clergé volontiers anglicisant de Notre-Dame, face au parti bourguignon auquel décidément il s'apparente mal, un élève assez docile aux leçons du clergé « français » du cloître Saint-Benoît, et de nous prodiguer, une dernière fois, dans une optique toute médiévale, des visions de l'antiquité biblique ou païenne, ou plutôt les derniers rayons d'un monde que l'on ne retrouvera guère, en Europe, que dans Shakespeare. Pour les amateurs de ce genre de coordonnées, il y a aussi l'*Epistre a Marie d'Orléans;* entre 1458 et 1460, nous avons là, et c'en est tout le secret, sur la transposition de l'*Ave Maris Stella,* une pièce officielle, qui permet d'établir de délicieuses distances entre cette litanie et les odes de cour de Ronsard ou de Malherbe.

EPISTRE A SES AMIS
(été 1461)

Au-delà de la parenté des genres, c'est une parenté d'esprit que nous découvrons dans cette pièce, ainsi que dans la *Requeste à Mons. le duc de Bourbon* (sur les circonstances de sa composition, voir Notice). C'est le badinage de Marot, et même un avant-goût d'humour voltairien. Les comédiens ambulants composent le plus clair des amis du poète : face à la société en place, ils campent une humanité vivante, seule vraie, seule en « état de grâce », seule joyeuse et, pour ainsi dire, seule conforme au plan de Dieu. Une telle attitude s'ouvrirait en fait sur le culte de la Nature; reprise par Montaigne sous une autre forme (« il faut avoir un peu de folie, qui ne veut avoir plus de sottise », ESSAIS, III, ix), on la retrouverait aisément dans certaines pièces de Molière. Si Villon admet la société de son temps (Molière défendra la sienne), c'est que l'auteur de l'EPISTRE A SES AMIS (comme le créateur de Scapin) la complète par toute une société marginale. Il en résulte non point une critique de l'ordre existant, mais une juxtaposition pure et simple; les Sots pourront certes se livrer à des parallèles tendancieux, ou même assez hardis, entre le réel et l'idéal, mais il est remarquable que Villon ait désamorcé leur fête : il ne les sépare jamais des Fols et, pour lui, ils ne sont pas autre chose. L'*Epistre* parvint-elle aux inaccessibles amis du poète? Leur fut-elle même adressée? Il semble que la plus élémentaire prudence interdise même de l'écrire au fond de la tour Manassé. Comme tant de chefs-d'œuvre, elle aura été composée sur place, mentalement, et écrite à loisir.

Aiez pitié, aiez pitié de moy,
A tout le moins*, si vous plaist, mes amis[63]!   *du moins
En fosse gis[64], non pas soubz houx ne may[65],
En cest exil* ouquel** je suis transmis***   *infortune **où
                                                  ***mis
5 Par Fortune, comme Dieu l'a permis.
Filles, amans, jeunes gens et nouveaulx[66]*,   *dans toute leur
                                                  fraîcheur
Danceurs, saulteurs, faisans les piez de veaux*,   *gambadant
Vifz comme dars, agus* comme aguillon,   *aigus

---

63. Voir Livre de Job, xix, 21. Le ton est donné : cette épître sera celle du *Miserere;*
64. Cul-de-basse-fosse : on y repose naturellement sur la dure (v. 29); **65.** Arbre de mai. Le houx, ornemental et rustique, pouvait agrémenter la terrasse d'une taverne champêtre;
66. Acteurs ambulants, auxquels se serait, pour son plus grand malheur, mêlé Villon (voir Notice, p. '10). C'est le monde des baladins, des ménestrels et des filles, du « théâtre », si l'on veut, dont la fréquentation a été si favorable à l'épanouissement du génie dramatique de Villon.

Gousiers* tintans cler comme cascaveaux[67]**,   *gosiers **grelots
10 Le lesserez* la, le povre Villon?   *laisserez-vous

Chantres chantans a plaisance*, sans loy,   *à leur guise
Galans*, rians, plaisans en fais et dis,   *jouant
Coureux, alans francs de faulx or, d'aloy*,   *de bon or
Gens d'esperit, ung petit estourdis,
15 Trop demourez*, car il meurt entandis**.   *tardez **pendant ce temps
Faiseurs de laiz[68], de motetz[69] et rondeaux[70],
Quant mort sera, vous lui ferez chaudeaux[71]!
Ou gist, il n'entre escler* ne tourbillon :   *éclair
De murs espoix* on lui a fait bandeaux**.   *épais **abri
20 Le lesserez la, le povre Villon? **(28)**

Venez le veoir en ce piteux arroy*,   *appareil
Nobles hommes[72], francs de quart et de dix,
Qui ne tenez* d'empereur ne de roy,   *dépendez
Mais seulement de Dieu de Paradis :
25 Jeuner lui fault dimenches et merdis[73],
Dont* les dens a plus longues que ratteaux ;   *à la suite de quoi
Après pain sec, non pas après gasteaux,
En ses boyaulx verse eaue a gros bouillon ;
Bas en terre*, table n'a ne tresteaulx.   *assis par terre
30 Le lesserez la, le povre Villon?

Princes nommez*, ancïens, jouvenceaux,   *ci-dessus
Impetrez* moy graces et royaulx seaux**   *obtenez **sceaux
Et me montez en quelque corbillon[74].
Ainsi le font, l'un a l'autre, pourceaux[75],
35 Car, ou l'un brait, ilz fuyent* a monceaux**.   *se précipitent **en troupeau
Le lesserez la, le povre Villon? **(29)**

---

67. Mot provençal ; 68. Alors réservés à la poésie religieuse. Ceux de Villon devaient être fort profanes ; 69. Ici, polyphonies profanes ; 70. Le poème de ce nom est encore loin d'avoir fixé la forme de ses futures réussites ; 71. Bouillons chauds (voir La Fontaine : *l'Ivrogne et sa femme*) et autres petits soins ; 72. Allusion vraisemblable aux goliards (voir J. C. Payen : *le Moyen Age, des origines à 1300*, pp. 46-47), mais peut-être simple appel aux clercs compagnons de sa jeunesse, bénéficiaires des franchises évoquées plus bas et que supprimera, en 1461 même, un jeune roi intéressé à l'équilibre budgétaire ; le droit du quart (25 p. 100) était en réalité énorme ; 73. Même les jours gras sont pour lui jours de jeûne ; 74. Allusion aux Actes des Apôtres, IX, 23-25 ; 75. Allusion empruntée à un sermon de maître Eustache (Thuasne, III, p. 588). Ce frère mineur vantait l'esprit de solidarité et de compassion des *pourceaux* : quand l'un crie, aussitôt les autres accourent compatissants.

Commentaire philologique, grammatical et stylistique.

Page 43.

Vers 4. — *Exil.* Entendre « tourment ». Le mot est très ancien, et n'a pas d'autre sens en ancien français. La forme première est *essil.* Moins qu'une allusion à des textes classiques encore inconnus, c'est une allusion à la punition qui chassa Adam et Eve du paradis terrestre : depuis quatre siècles, le *Salve Regina* considérait la terre comme un « exil » et une « vallée de larmes ».

Vers 5. — La syllabe féminine compte à la césure, ainsi qu'aux vers 22 et 29. C'est la césure lyrique qui apparaît ici dans Villon : plus fréquente que chez aucun de ses devanciers, elle se rencontrera dans toutes les ballades en décasyllabes du *Testament*. Villon, jusqu'alors, n'avait employé que la plus stricte césure épique (4 + 6).

Page 44.

Vers 10. — *Povre Villon.* Usage fort heureux du rythme 5 + 5, avec quelque chose de brisé, de désespéré, et pourtant de souriant. Le poète prend quelque distance par rapport à lui-même en parlant de lui à la troisième personne, et non plus à la première.

Vers 21. — *Piteux arroy. Arroy* évoque, en raison de son étymologie, chevaux, trains et équipages. Généralement assorti d'un mot comme « bel », « grand », « gracieux » ou « magnifique », il l'est ici, par alliance de mots, de *piteux* (= digne de la dernière pitié).

Vers 23. — *Tenez.* Syntaxe moderne : le relatif prend la personne de l'antécédent. C'est assez exceptionnel dans Villon. Racine dira encore, pour raison d'harmonie :

> « Je ne vois plus que vous qui le puisse défendre. »

Vers 32. — *Impétrez-moi.* Retour instructif à la première personne. La pièce est en même temps emportée d'un mouvement cyclique et construite en fonction d'un cercle, puis d'un centre. Trouvaille à la fois amère et amusée.

Vers 33. — *... et me montez.* Ce sera encore la syntaxe du XVIIᵉ siècle : « Rentre, et me laisse faire », dit Molière. Le tour se conservera jusqu'à Musset. Voir Musset :

> « Poète, prends ton luth, et me donne un baiser. »

— *Quelque.* Ce sera sans doute déroger, mais, après tout, l'apôtre saint Paul n'a pas reculé devant un moyen de salut aussi bas. L'imprécision dédaigneuse prend tout son sens au vers suivant.

Vers 35. — *A monceaux.* Rabelais dira dans le même sens *à tas.*

—————— **QUESTIONS** ——————————————

28. En quoi sommes-nous devant une forme incontestable d'humour?

Le nouveau visage de Villon. Montrez-en la complexité ; soulignez la parenté avec Marot, Rabelais, Voltaire, et surtout ce qui n'appartient qu'à lui : discrétion de l'homme, habileté du poète.

29. Etudiez la composition et le mouvement de cette ballade : symétrie des thèmes de la première strophe ; symétrie des deux premières strophes ; renouvellement strophique de la troisième strophe ; le jeu des pronoms personnels.

Que pensez-vous d'un clerc qui, dans la prison d'un évêque, rime une épître de ce genre?

REQUESTE
A MONS. LE DUC DE BOURBON

On a vu dans quelles circonstances Villon aurait adressé cette requête à son « seigneur naturel ». Après lecture, n'est-on pas tenté d'écrire... « pour avoir été dérobé »? Nous sommes encore en plein merveilleux.

Le mien seigneur* et prince redoubté[76],   *Vous, mon seigneur
Fleuron de lys, royale geniture,
Françoys Villon, que Travail* a dompté   *Misère
A coups orbes*, par force de bature,   *contusions
5 Vous supplie par ceste humble escripture*   *épître
Que lui faciez quelque gracieux prest.
De s'obliger en toutes cours est prest*,   *prêt
Si ne doubtez* que bien ne vous contente :   *craignez
Sans y avoir dommaige n'interest[77],
10 Vous n'y perdez seulement que l'attente[78].

A prince n'a ung denier emprunté,
Fors a vous seul, vostre humble creature.
De six escus que luy avez presté[79],
Cela pieça* il meist en nourriture.   *depuis longtemps
15 Tout se paiera ensemble, c'est droiture,
Mais ce sera legierement* et prest ;   *vite
Car, se* du glan rencontre en la forest   *si
D'entour Patay, et chastaignes ont vente[80],
Paié serez sans delay ny arrest* :   *retard
20 Vous n'y perdez seulement que l'attente.

Se je peusse vendre de ma santé
A ung Lombart[81], usurier par nature,
Faulte d'argent m'a si fort enchanté*   *ensorcelé
Que j'en prendroie, ce cuide, l'adventure*.   *risque

---

76. Le père de Villon était de Montcorbier, dans le Bourbonnais ; **77.** Formule consacrée : sans rien gagner ni perdre... ; **78.** Autre formule consacrée, mais rajeunie : vous ne perdrez rien pour attendre ; **79.** Inutile, dans l'état actuel de nos connaissances, de chercher à établir les circonstances de ce premier prêt ; **80.** Pas de forêt autour de Patay, qui n'est pas un marché de marrons. Marot tient les deux vers pour une plaisanterie ; **81.** Il existait à Paris une sorte de corporation de Lombards usuriers, et une rue y perpétue encore leur mémoire.

Commentaire philologique, grammatical et stylistique.

Vers 3. — *Travail.* C'est avec « gêne », « question », dont l'évolution sémantique est la même, le mot le plus dévalué de notre langue et l'un de ceux dont l'histoire est à tous égards des plus significative. Tant que le travail a été l'épuisant apanage des humbles, le mot a gardé quelque chose de l'instrument de supplice où le maréchal-ferrant faisait entrer le cheval rétif pour le ferrer à son aise. Pour le simple jeu de l'activité humaine, on employait « ouvrer », « ouvrier », qui est dans Villon, « œuvre » et « ouvrage ».

Vers 4. — *Orbes, orbus,* a donné *orb,* puis *orbe,* par réaction du féminin sur le masculin. Il signifiait « aveugle » et « obscur » et, par évolution sémantique, « livide » : la Fortune a administré plus d'une « grognée » à Villon.

Vers 8. — *Doubtez.* Vient de *dubite* : hésiter entre deux directions, puis craindre. C'est, jusqu'au XIIIᵉ siècle, le seul sens du mot français, qui a été depuis supplanté par « redouter » (employé au v. 1) dans cette acception. Jusqu'au XVIIᵉ siècle, la langue préférera du reste le simple au composé : Villon dit toujours « congnoistre » pour « recongnoistre » et « conforter » pour « reconforter », comme tant de poètes du Moyen Age.

Vers 9. — *Dommaige.* La palatisation de *a* devant *g* est toujours vivante dans les provinces dites de l'Ouest.

Vers 10. — Il s'agit d'une sorte de proverbe. Andry Couraud s'étant plaint à la cour d'Angers, dont il était procureur à Paris, de l'irrégularité du paiement de sa « pension », nous « espérons, lui fut-il répondu, y donner provision par manière que tout sera content et n'y perdra chacun autre chose que d'attente ». L'humour n'appartient qu'à Villon : les services comptables d'Angers connaissaient les longueurs administratives.

Vers 12. — *Fors.* Villon n'emploiera plus « fors » que comme préposition.

Vers 13. — *Presté.* A la rime, l'œil passe avant la syntaxe, pour l'accord du participe, comme pour tout le reste.

Vers 14. — *Meist.* C'est le latin *mis(i)t.* Le *e* vient par analogie de *veis,* prétérit de *veoir.*
— *Piéça,* « depuis longtemps » (mot à mot : « pièce [de temps il y a] »). Le mot va de la Chanson de Roland au XVIIᵉ siècle (pièces d'inspiration marotique).

Vers 15. — *Se paiera.* L'étonnante fortune de la voix pronominale remonte au XVIᵉ siècle. La valeur passive de la présente forme est à signaler. Mais l'usage de Villon est encore flottant ; il emploie la forme pronominale où nous mettrions la forme active (v. 27) et *vice versa* (v. 31).

Vers 16. — *Prest* adverbe, du latin *praeste.*

Vers 17-18. — *Car, se... et...* Nous disons en fait, depuis le début du XVIIᵉ siècle : « si... et si... » ou « si... et que... » (voir *Lais,* v. 8).

Vers 19. — *Sans delay ny arrest.* Villon refait, selon les besoins du vers, la vieille formule « sans remerance et sans arrest » du *Roman de la Rose.* Rarissime exemple de « ni » dans son œuvre (voir *Lais,* v. 99). D'une façon générale, langue et grammaire de l'*Epistre* et de la *Requeste* sont nettement plus proches de nous que tout ce que Villon avait alors écrit.

Vers 23. — *Enchanté.* Suffit à créer une atmosphère de roman breton. Mais en pareil cas Charles d'Orléans emploie encore volontiers, comme au temps de Béroul, le mot « faé », apparenté à « fée ».

Vers 24. — *Adventure.* L'atmosphère de roman breton se précise. Notre poète va-t-il se lancer à la quête de quelque Graal? Est-il devenu pour de bon chevalier? Car la recherche des aventures, c'est-à-dire des occasions de montrer sa valeur (*proesce et hardemant, chevalerie*) est l'essentiel de l'activité du chevalier; un chevalier ne doit pas demeurer inactif à la cour, car il passerait alors pour *recreant,* pour lâche.

25 Argent ne pens* a gippon** n'a sainture ;   *je ne suspends
                                                       **tunique
  Beau sire Dieux ! je m'esbaïs que c'est   *je me demande,
  Que* devant moy croix ne se comparoist**,   éberlué, ce qui fait
                                                       que... **apparaît
  Si non de bois ou pierre, que ne mente* ;   *sans mentir
  Mais s'une fois la vraye* m'apparoist[82],   *dissyll.
30 Vous n'y perdrez seulement que l'attente.

  Prince du lys, qui a tout bien complaist*,   *se complaît
  Que cuidez vous comment il me desplaist,
  Quant je ne puis venir a mon entente* ?   *but
  Bien m'entendez ; aidez moy, s'il vous plaist :
35 Vous n'y perdrez seulement que l'attente. **(30)**

---

82. Au vers 27, Villon songe aux *croix* frappées au revers des pièces de monnaie, il regrette de n'en pas avoir sous les yeux autant qu'il voit de croix, *de bois ou de pierre*, le long des chemins ; au vers 29, la *vraye* croix est peut-être un retour, assez irrévérencieux, aux croix des monnaies, ou peut-être une allusion à la croix miraculeuse apparue dans le ciel, le 20 août 1451, alors que les troupes royales assiégeaient Bayonne : cet événement avait beaucoup frappé les esprits (Thuasne, III, p. 568).

Commentaire philologique, grammatical et stylistique.

Vers 25. — *Gippon.* Vient de *gipe,* pour « jupe », et correspond à « jupon ». Mais la différenciation sémantique est arrêtée pour longtemps : le « gippon », ou « jupe », restera une pièce de l'armure ou de l'uniforme du XIVᵉ à la fin du XVIIIᵉ siècle.

Vers 26. — *Beau sire Dieux!* « Bonté divine! » s'écrie Villon. C'est l'exclamation de l'homme du Moyen Age aux prises avec la difficulté (voir par exemple, à cet égard, *le Châtelain de Coucy*). Villon reste dans le ton « d'époque » : il est bel et bien ensorcelé. Tant de « croix » sur les routes et pas une en sa poche! Il y a du prodige là-dessous, et cela va bien finir un jour par l'apparition d'une vraie « croix »! L'« esbaïssement » est l'équivalent du « thambos » des Grecs, cette terreur sacrée de l'homme soudain projeté face au surnaturel. Dans Chrétien de Troyes, l'homme « ébahi » est bientôt « éperdu »; dans Charles d'Orléans, il est « découragé ». La noblesse de ces emplois (voir encore Marie de France, *Guigemar,* v. 674) explique la survie de ce mot dans le vocabulaire tragique de Corneille.

Vers 26-27. — *Je m'ébahis que c'est que.* Tour savant, calqué sur le latin *Miror quid sit quod,* « Je me demande ce qui fait que ».

Vers 28. — *Que ne mente.* C'est le « sans mentir » du Renard de La Fontaine, mais directement calqué sur le latin *(ne mentiar).* Le tour semble rare.

Vers 29. — *S'une.* Nous ne disons plus que « s'il », qui tend de plus en plus à devenir « si il » dans la langue populaire écrite.

Vers 32. — *Que cuidez-vous...* Tour naturel et selon nous fort savant; c'est la transposition d'un souhait latin, qui n'a pas encore trouvé sa forme française : « Ah! si... ».

QUESTIONS

30. Etudiez le mélange des tons et des imageries de strophe en strophe.
Marot écrit dans sa requête à François Iᵉʳ :

> ... Au misérable corps
> Dont je vous parle, il n'est demeuré fors
> Le pauvre esprit qui lamente et soupire,
> Et en pleurant tâche à vous faire rire.
>
> (Au Roi, « pour avoir été dérobé ».)

Villon vous semble-t-il plus éprouvé que Marot? Lequel des deux poètes est le plus gai?

LE TESTAMENT
(1461)

I

En l'an de mon trentiesme aage*,   *vie (dissyll.)
Que toutes mes hontes j'eus beues,
Ne du tout* fol[83], ne du tout sage,   *tout à fait
Non obstant* maintes peines eues,   *malgré
5 Lesquelles j'ay toutes receues
Soubz la main* Thibault d'Aussigny[84]...   *par ordre de
S'evesque il est, seignant* les rues[85],   *bénissant d'un
                                                           signe de croix
Qu'il soit le mien je le regny*. (31)   *nie

II

Mon seigneur n'est ne mon evesque[86]*,   *pron. « évêque »
10 Soubz luy ne tiens, s'il* n'est en friche ;   *si ce n'est < terre >
                                                           en friche
Foy ne luy doy* n'hommage avecque,   *dois
Je ne suis son serf ne sa biche*.   *mignon
Peu* m'a d'une petite miche   *repu (= nourri)
Et de froide eaue tout ung esté* ;   *été
15 Large ou estroit, moult* me fut chiche :   *fort
Tel luy soit Dieu qu'il m'a esté! (32)

---

83. Maître mot du vocabulaire de Villon, ainsi que ses dérivés « foleur » (et « folleur ») et « folie », toujours péjoratif, alors que « folet », resté pour le sens voisin de « idiot », l'est à peine. Aux XIIᵉ et XIIIᵉ siècles, le « fol » et l'« idiot » n'étaient que de simples d'esprit, des innocents à qui appartenait déjà le Royaume des cieux ; leur présence dans le monde était même précieuse, on les tenait pour inspirés par l'Esprit-Saint, et leurs paroles pouvaient tenir lieu d'oracles. Il leur arrivait bien de commettre des maladresses plus ou moins graves, mais l'on savait fermer les yeux. Depuis le milieu du XVᵉ siècle, au temps même de Villon, le « folleur » perdit sa pureté et s'enticha plus ou moins de « malice » ; il s'agit alors (voir Notice p. 12) du plaisir malin de tout parodier, de tout renverser, valeurs et usages, comme au temps des saturnales de Rome, et de montrer que ce renversement ne rend pas pour autant l'univers au néant ; c'est le plaisir de confondre une société naïve et cependant orgueilleuse de son état. Le « fol » est alors bien prêt du « sot », qui va bientôt jouer les « soties », et comme lui dangereux, voire criminel au regard de l'ombrageuse Eglise et de l'ordre public. C'est en ce sens que le concile de Bâle a condamné la fête des Fous en 1431. Le « fol », dans le *Testament*, n'est jamais excusable : seul, le contexte permet, chaque fois, de définir la culpabilité ; **84.** Elu évêque d'Orléans en 1447, il ne put prendre possession de son siège qu'en 1452. Ce prélat ne badinait pas avec la discipline ecclésiastique, et ne tolérait aucune fantaisie chez ses chanoines et chez ses prêtres ; **85.** Au cours des processions ; **86.** Villon ne relève, en tant que clerc parisien, que de l'officialité de Paris.

Commentaire philologique, grammatical et stylistique.

Vers 10-11. — Villon, en raison même de l'importance que vont prendre dans le *Testament* les considérations abstraites, usera souvent du tour impersonnel, pour ainsi dire absent du *Lais*. Il dispose pour cela des deux pronoms neutres *ce* et *il*, selon les besoins du vers. On observera de façon générale que la syntaxe de Villon a considérablement évolué d'un poème à l'autre ; à cet égard, il est souvent plus moderne que Charles d'Orléans, qui lui a peut-être survécu.

Vers 11. — *Avecque*. Orthographe primitive, avec disparition du « s » final, pour la rime parfaite. Valeur adverbiale, unique dans Villon mais fort ancienne.

Vers 15. — *Moult*. Le mot n'est pas dans le *Lais*.

────── **QUESTIONS** ──────

31. Quelles dispositions morales Villon montre-t-il ?

32. Pourquoi Villon déteste-t-il à ce point l'évêque d'Orléans ?

III

Et s'aucun me vouloit reprendre
Et dire que je le mauldis*, *veux du mal
Non fais*, se bien le scet comprendre ; *je n'en fais rien
20 En riens de luy je ne mesdis.
Vecy* tout le mal que j'en** dis : *voici **de lui
S'il m'a esté misericors*, *miséricorde
Jhesus, le roy de Paradis,
Tel luy soit a l'ame et au corps! **(33)**

IV

25 Et s'esté m'a dur et cruel
Trop* plus que cy ne le raconte, *bien
Je vueil* que le Dieu eternel *veux
Luy soit donc semblable a ce compte...
Et l'Eglise nous dit et compte
30 Que prions* pour noz ennemis! *priions
Je vous diray : « J'ay tort et honte,
Quoi qu'il m'ait fait, a* Dieu remis! » **(34)** *entre les mains de

V

Si prieray pour luy de bon cuer,
Pour* l'ame du bon feu Cotart[87]! *Par (v. vers 1280 et 1726)
35 Mais quoy? ce sera donc par cuer*, *une oraison mentale
Car de lire je suis fetart*. *fainéant
Priere en feray de Picart[88] ;
S'il ne la scet, voise* l'aprendre, *qu'il aille
S'il m'en croit, ains* qu'il soit plus tart, **(35)** *avant
40 A Douai ou a l'Isle en Flandre!

VI

Combien*, se oÿr veult qu**'on prie*** *toutefois **ce que ***demande en priant
Pour luy, foy que doy mon baptesme!
Obstant qu'a chascun ne le crye[89]*, *je ne le crie

---

87. Sur ce « procureur en cour d'Eglise », voir vers 1230, qui donnera la valeur de ce serment insolite ; **88.** Il s'agit d'hérétiques appelés vaudois : ils ne pratiquaient que l'oraison mentale, et niaient même purement et simplement l'efficacité de la prière. On leur mena la vie dure de 1459 à 1461 dans les Flandres, notamment à Lille et à Arras. Ils maudirent leurs juges avant de périr sur le bûcher. Peu de temps après, la justice royale, troublée par ces imprécations, poursuivit les juges qu'avait d'abord désavoués l'évêque d'Arras ; **89.** Villon est en train de le crier sur les toits.

Commentaire philologique, grammatical et stylistique.

Vers 19. — *Non fais.* Ellipse populaire, encore fréquente dans le parler du pays de Dinan jusqu'à une date récente.

Vers 21. — *En.* S'emploiera comme pronom personnel jusqu'au XIXe siècle dans la langue littéraire.

Vers 35. — *Par cuer.* C'est nous qui pensons à une oraison mentale. En fait, il ne peut s'agir que de prière vocale puisque Villon doit lire sa prière, et que pour un siècle encore au moins la lecture suppose bel et bien l'usage de la voix. Une prière faite *par cuer* est donc nécessairement inexistante : la locution s'est maintenue longtemps dans le langage populaire (par exemple : « souper par cœur » [= se passer de souper] dans Zola).

Vers 38. — *Voise.* Appartient à « aller », et vient du latin *vado*. Sur l'indicatif « je vois », etc., l'on a refait un subjonctif « je voise » qui, dans le *Testament*, élimine la forme « que j'aille », qui seule a cependant survécu.

Vers 39. — *Ains* vient régulièrement de *antea*.

—— QUESTIONS ————————

33. Etudiez dans ce couplet l'amplification du vers 16.

34. Montrez que Villon veut se conduire en homme et en chrétien. Commentez la complémentarité de ce double idéal. Examinez-en la portée à la lecture du *Testament*.

35. S'agit-il ici d'une simple cheville?

Il* ne fauldra pas a** son esme***.   *cela **ne décevra
45 Ou Psaultier prens, quant suis a mesme,   pas ***attente
    Qui n'est de beuf ne cordouen[90],
    Le verselet escript septiesme
    Du psëaulme *Deus laudem*[91]. (36)

VII

    Si prie au benoist* fils de Dieu,   *bienheureux
50 Qu'a* tous mes besoings je reclame,   *en
    Que ma povre priere ait lieu*   *soit accueillie
    Vers luy, de qui tiens corps et ame,
    Qui m'a preservé de maint blasme
    Et franchy* de ville** puissance[92].   *affranchi **vile
55 Loué soit il, et Nostre Dame,
    Et Loÿs, le bon* roy de France! (37)   *valeureux

[Au roi Louis XI, qui l'a délivré à son passage à Meung-sur-Loire, il souhaite d'égaler en bonheur Jacob, en sagesse Salomon, en longévité Mathusalem, il lui souhaite « douze beaux enfants, tous masles » et le Paradis à la fin de ses jours. — Puis, comme il se sent malade, il décide de faire son testament. Mais, avant de rédiger son testament, Villon entreprend de faire un loyal *examen de conscience* (v. 57-88).]

XII

    Or est vray qu'après plainz* et pleurs   *plaintes
90 Et angoisseux gemissemens,
    Après tristesses et douleurs,
    Labeurs et griefz* cheminemens,   *pénibles (monosyll.)
    Travail* mes lubres** sentemens***,   *Souffrance
    Esguisez comme une pelote[93],   **instables ***esprits

---

90. C'est-à-dire de chèvre ou de mouton. Le psautier en question serait la mémoire du poète : il peut évidemment y lire à discrétion...; **91.** Ainsi conçu : *Fiant dies ejus pauci et episcopatum ejus accipiat alter* (« Que ses jours soient comptés, et qu'un autre ait sa charge! »). Si Villon a été dégradé par l'évêque d'Orléans, il a pu, au cours de la cérémonie lugubre, entendre cette imprécation; il la rétorquerait alors simplement à celui qui l'a proférée; **92.** Il s'agit de la puissance du démon : l'allusion est tout à fait limpide; **93.** Antiphrase; rien de moins acéré qu'une sphère.

QUESTIONS

---

36. Quel est selon vous le psautier de Villon?

37. Etudiez, si possible, et commentez la pureté du « chant religieux ».

Gravure de l'édition princeps des œuvres de Villon (1489).
Paris, Bibliothèque nationale.

95 M'ouvrit plus que tous les Commens*
   D'Averroÿs sur Aristote[94].

   *Commentaires

XIII

   Combien qu'au plus fort de mes maulx,
   En cheminant sans croix ne pille[95]*,
   Dieu, qui les pelerins d'Esmaus[96]*
100 Conforta, ce dit l'Evangille,
   Me monstra[97] une bonne ville[98]
   Et pourveut du don d'esperance ;
   Combien que pechiez si soit ville,
   Riens ne hayt* que perseverance[99]**.

   *sans un sou
   *Emmaüs

   *Dieu ne hait rien autant **dans le mal.

XIV

105 Je suis pecheur, je le sçay bien ;
   Pourtant ne veult pas Dieu* ma mort,
   Mais convertisse* et vive en bien,
   Et tout autre que pechié mort*.
   Combien qu'en pechié soye* mort,
110 Dieu vit, et sa misericorde,
   Se conscience me remort*,
   Par sa grace pardon m'accorde. (38)

   *Dieu ne veut pas
   *mais que je me...
   *ronge
   *je sois

   *ronge encore

XV

   Et, comme le noble Rommant
   De la Rose dit et confesse
115 En son premier commencement[100]

---

94. Au Moyen Age, on expliquait les commentaires d'Aristote par Averroès, médecin et philosophe arabe du XIIe siècle. Par ces vers, Villon marque bien comment l'expérience douloureuse de la vie l'a formé plus que la philosophie scolastique ; **95.** Villon dirait aujourd'hui sans pile ni face ; **96.** Voir saint Luc, XXIV, 13-16. Le passage évangélique donne la mesure du désespoir de Villon ; **97.** Encore un souvenir biblique : Deutéronome, XXXIV, 1. Dieu montre à Moïse la Terre promise. Ce passage évoque l'immense soulagement du poète, de même qu'au vers suivant les résonances évangéliques du mot *don ;* **98.** Moulins, capitale des ducs de Bourbon, dont la devise était « Espérance »? La *Requeste* aurait donc été agréée ; **99.** La persévérance dans le mal est le péché contre l'Esprit, d'où le caractère diabolique que lui a prêté le proverbe *(perseverare diabolicum).* Voir Ezéchiel, XXXIII, 11 ; **100.** Erreur (volontaire?). Il s'agit des vers 4463-4490, et surtout du *Testament* de Jean de Meung :

    Bien doit estre excusé jone cuer en jonesse
    Quant Diex lui donne grace d'estre viel en viellesse,
    Mais moult est grant vertu et très haute noblesse,
    Quant cuer en jone aage a meureté s'adresse.

Commentaire philologique, grammatical et stylistique.

Vers 93. — *Lubres*. De *lubricus*, indique « une surface sur laquelle tout glisse », et prépare la comparaison antiphrastique du vers suivant. L'octosyllabe est volontairement aride avec l'ellipse d'une forme verbale que l'on ne rencontre que deux vers plus loin, et avec le face-à-face de deux formes nominales, l'une sujet *(Travail)*, l'autre complément *(sentemens)*.

Vers 97. — *Combien que*, quoique. Cette dernière conjonction n'apparaît que dans le *Testament*, tantôt avec l'indicatif, tantôt avec le subjonctif (v. 1314, voir aussi *Epitaphe*, v. 12), selon que l'on insiste, de façon subtile, sur la réalité ou sur la vanité de l'obstacle. Ici, *combien que* admet l'ellipse du verbe (voir *le quoique amis enfin* de Molière). Ici, le verbe sous-entendu serait à la première personne (je fusse), et le sujet de la principale est à la troisième (Dieu), nouvel exemple, comme au vers suivant, de la liberté du gérondif, de la liberté de l'ancienne syntaxe, qui, très économe de ses mots-outils, facilitait la transmission immédiate des sentiments successifs. Villon, jusqu'alors, ne nous avait laissé rien de tel. Voir toutefois au vers 621 une concessive plus elliptique encore.

Vers 99. — *Esmaus*, Emmaüs, comme d'Aubigné dira *Essau* pour « Esaü ».

Vers 101. — *Me*. Est complément indirect de *monstra* et complément direct de *pourveut*. Tour aujourd'hui incorrect.

Vers 103. — *Combien que* apparaît ici nettement avec sa valeur de *quamvis* latin. C'est exactement le « quelque (ou « si »)... que » concessif. Toujours construit avec le subjonctif en ce sens. Avec l'indicatif (voir v. 1906), il est seulement un équivalent de « quoique ».
— *Ville*, vil. On trouverait presque en chaque strophe un exemple de la préséance absolue de l'œil sur la syntaxe et sur l'orthographe.

Vers 105. — *Je suis*. Indicatif présent significatif.

QUESTIONS

38. Faites apparaître le thème éternel utilisé par Villon, ainsi que l'orthodoxie de ses croyances et de sa morale (XII-XIV).

Qu'on doit jeune cuer en jeunesse,
Quant on le voit viel en viellesse,
Excuser, helas! il dit voir;
Ceulx donc qui me font telle presse
120 En meurté[101]* ne me vouldroient veoir. (39) *maturité

XVI

Se, pour* ma mort, le bien publique *par l'effet de
D'aucune chose* vaulsist** mieulx, *en quelque chose **valût
A mourir comme ung homme inique
Je me jujasse*, ainsi m'aist Dieux! *condamnerais
125 Griefz* ne faiz a jeunes n'a vieulx, *torts (monosyll.)
Soie* sur piez ou soie* en biere : *que je sois
Les mons* ne bougent de leurs lieux[102], *monts
Pour ung povre, n'avant* n'arriere**. (40) *en avant **en arrière

OU TEMPS QU'ALIXANDRE...

XVII

Ou temps qu'Alixandre* regna, *Alexandre le Grand
130 Ung homs* nommé Diomedès *homme
Devant luy on luy amena,
Engrillonné* poulces et des** *emmenotté **doigts
Comme ung larron, car il fut des
Escumeurs que voions courir;
135 Si fut mis devant ce cadès*, *capitaine
Pour estre jugié à mourir.

XVIII

L'empereur si l'araisonna* : *interpella
« Pourquoi es tu larron en mer? »
L'autre responce luy donna :
140 « Pourquoi larron me faiz nommer*? *me nommes-tu?
Pour ce qu'on me voit escumer.
En une petiote fuste*? *barque

---

101. On distingue alors sept âges dans une vie d'homme. La jeunesse allait de 25 à 35 ans (voir v. 907). L'âge mûr est celui sur lequel Villon, fort naturellement, compte pour réparer ses fautes, même si, physiquement, il a l'âge d'un vieillard (50-70 ans). Ici, comme souvent, la fiction testamentaire s'estompe fortement devant la vitalité du poète; **102.** Réminiscence biblique, voir, entre autres, saint Matthieu, XVII, 19.

Commentaire philologique, grammatical et stylistique.

Vers 121. — *Se... d'aucune chose.* Entendre : « Si en *quelque* chose » ; c'est le *si quid* latin. Le tour signifie « pour peu que... ». Cette précision mathématique prend toute sa force dans la suite du couplet ; pour la plus petite offense envers le peuple, Villon se condamne à la plus grande infamie.

Vers 123. — *Inique.* Mot biblique : on est injuste à l'égard des hommes, inique à l'égard de Dieu, pris à témoin dans le vers suivant. Le tout prépare l'allusion biblique du dernier vers.

Vers 124. — *Ainsi m'aist Dieux!* Serment solennel. Entendre : « Puisse Dieu mettre à m'assister autant de grâce que je mets de bonne foi à déclarer que... » La formule est au moins aussi vieille que nos plus vieilles chansons de geste. *Aist* est le latin *adjuvet*.

Vers 126. — *Soie.* C'est, avec *soye*, la première personne du singulier du subjonctif présent dans Villon.

Vers 129. — *Ou temps qu'Alixandre.* Début très vif, qui retourne les données. Les grands de ce monde, les représentants du *bien publique* (v. 121), et l'on sait que l'expression servira en 1464 à désigner une ligue assez turbulente, n'ont pas donné à Villon ses chances. Non point innocent, mais inoffensif, il n'a rencontré que princes non point malfaisants, mais indifférents à son *infortune*.

— *Regna* augmente l'effet de surprise. Là où nous disons : « Il était une fois... » (imparfait descriptif), le latin emploie régulièrement le parfait : *Fuit quondam...,* et l'ancien français dit de même *fu,* avec le prétérit. Nous sommes provisoirement reportés aux temps vraiment merveilleux où les pauvres gens avaient encore leurs chances.

Vers 133. — *Des.* Villon s'amuse-t-il en cours de conte? Voir une autre rime « mallarméenne » au vers 1668.

Vers 135. — *Cadès.* Nouvel effet de dépaysement : s'agit-il d'un juge, à travers quelque emprunt arabe (« cadi »)? ou du capitaine par excellence, par le provençal *capdet?*

Vers 140. — *Me faiz nommer.* Entendre : « Me nommes-tu? » Cas exceptionnel dans Villon d'un vieil emploi explétif de « faire », autrefois assez répandu, comme par exemple dans Béroul.

Vers 142. — *Fuste.* Ce serait une réduction du « vaisseau effilé » des anciens Grecs. Mot rarissime, et employé comme tel. Villon ne l'a pas trouvé dans ses sources.

─────── **QUESTIONS** ───────────────

39. Où réside selon vous l'intérêt de ce couplet?

40. Y avait-il des criminels dont la mort eût fait beaucoup pour le bien public? Rapproché du vers 449 et suiv., ce couplet n'est-il pas d'une exceptionnelle audace?

Se comme toy me peusse* armer,   *pusse
Comme toy empereur je feusse*.   *fusse

XIX

145 « Mais que veux-tu? De ma fortune,
Contre qui ne puis* bonnement**,   *ai pouvoir
Qui si faulcement* me fortune**,   **efficacement
Me vient tout ce gouvernement*.   *déloyalement
Excuse moy aucunement*   **me traite
150 Et saiche* qu'en grant povreté,   *conduite
Ce mot se dit communement,   *de manière ou d'autre
Ne gist pas grande loyauté. »   *sache

*ai pouvoir
**efficacement
*déloyalement
**me traite
*conduite
*de manière ou d'autre
*sache

XX

Quant l'empereur ot remiré*   *considéré
De Diomedès tout le dit* :   *discours
155 « Ta fortune je te mueray
Mauvaise en bonne », si luy dit.
Si fist il. Onc puis* ne mesdit**   *jamais plus
A personne, mais fut vray* homme ;   **ne fut insolent.
Valere pour vray le baudit*,   *loyal
160 Qui fut nommé le Grant a Romme[103]. (41)   *garantit

XXI

Se Dieu m'eust donné* rencontrer   *donné de
Ung autre piteux* Alixandre   *indulgent
Qui m'eust fait en bon eur* entrer,   *chance
Et lors qui m'eust veu condescendre*   *m'abaisser à
165 A mal, estre ars* et mis en cendre (42)   *brûlé
Jugié me feusse de ma voix.
Necessité* fait gens mesprendre**   *Indigence **méfaire
Et faim saillir* le loup du bois.   *surgir

XXII

Je plains* le temps de ma jeunesse,   *regrette
170 (Ouquel j'ay plus qu'autre gallé*   * « dansé »
Jusques a l'entree* de viellesse),   *dissyll.
Qui son partement* m'a celé.   *départ

---

103. Villon cite une anecdote racontée par Valère Maxime et rapportée par Jean de Salisbury dans son *Policraticus*, ouvrage scolastique du XIIe siècle. Ce récit se trouve aussi dans *la Cité de Dieu* de saint Augustin, mentionnée par d'autres scolastiques.

Commentaire philologique, grammatical et stylistique.

Page 60.

Vers 150-152. — A deux vers d'intervalle nous trouvons deux féminins différents pour 67
l'adjectif *grant* : l'ancienne forme *(grant)* et la forme actuelle *(grande)*. Rien de tel dans
l'œuvre antérieure du poète.

Vers 157. — *Fist il.* Il s'agit du *cadès*. C'est le pirate qui n'eut plus à être insolent, car il ne 71
fut plus jamais pris en faute, et pour cause. Deux « ils » successifs prêteraient à équivoque ;
Villon s'en tire par une ellipse, dans laquelle on a vu une équivoque intentionnelle qui serait
une leçon à l'égard des grands si légers sur le mal que fait leur langue. En fait, cette équivoque
est pure invention de moderne : Villon ne peut, à la fin d'un aussi bel exemple, égarer ne 75
fût-ce qu'un instant son lecteur, et Alexandre doit rester une donnée aussi nette que Dieu,
Fortune et Nécessité. L'examen de conscience a éclairci le jeu des forces en présence.

Vers 169-172. — La continuité de la pensée vient du plus profond de l'âme de Villon : « Et
si j'étais dans mon tort ? » se demande-t-il. C'est le sens de la parenthèse : l'idée de péché est 80
inséparable de la notion de fuite de temps. Peu à peu nous allons voir à quel point.

Page 62.

Vers 176. — *Quelque* apparaît ici avec une valeur de semi-négatif *(et ne... quelque =* pas 17
l'ombre d'un don).

Vers 177. — Comparer ce vers préapollinarien au vers 1743 : il apparaît que la *coulpe* ou 86
péché (v. 105), c'est du moins en appa-
rence, à son point de départ (voir Notice, p. 13). et recommencer à limiter ses responsabilités,
et même à les nier, tant pour le passé (v. 192) que pour le présent (v. 200) : le regret, esquissé
au vers 169, prend décidément le pas sur le remords (v. 111), dont le couplet xxvi ne sera 90
qu'un bref sursaut. Le pécheur aura surtout commis une erreur : au fond (v. 216), il ne
pouvait pas savoir, et l'avait du reste suggéré dès le vers 178. La Mort va tout apaiser (v. 224).
Ainsi, l'examen de conscience, appelant la notion de péché, appelle l'idée de fuite du temps,
qui révèle la souillure, qui n'est, à y bien regarder et selon la Bible même, fruit que de 23
l'ignorance.

Vers 178. — *Sens.* Apparenté non au latin *sensus*, mais à la racine germanique *sen-*, que l'on 26
retrouve dans « assener » et qui évoque la justesse de la visée et l'esprit de suite. C'est
essentiellement la direction donnée au « savoir », ou expérience acquise. Ne pas voir en ce
vers de Villon un simple premier état de la formule de du Bellay : « usage et raison ».

─────── **QUESTIONS** ───────

41. Appréciez les mérites de la narration, dans les couplets xvii à xx.
Comment expliquer que Diomède puisse condamner et revendiquer ?

42. Etudiez le rejet.

Il ne s'en est a pié allé
N'a cheval : helas! comment don? **(43)**
175 Soudainement s'en est vollé*   *s'est envolé
Et ne m'a laissié quelque* don.   *nul

XXIII

Allé s'en est, et je demeure, **(44)**
Povre de sens et de savoir,   *en triste état
Triste*, failly**, plus noir que meure***, **déchu ***mûre
180 Qui n'ay ne cens*, rente**, n'avoir*** ; *et **revenus ecclé-
Des miens le mendre*, je dis voir**, siastiques ou laïcs
De me desavouer s'avance*, ***fonds
Oubliant naturel devoir *moindre **vrai
Par faulte d*'ung peu de chevance**. **(45)** *s'empresse

*faute de **moyens

XXIV

185 Si ne crains avoir despendu*   *d'avoir trop dépensé
Par friander ne par leschier* ;   *par gourmandise
ou lécherie
Par trop amer* n'ay riens vendu **(46)** *pour trop aimer
Qu'amis me puissent reprouchier, l'amour
Au moins qui leur couste moult chier.
190 Je le dy et ne croy mesdire* ;   *mal dire
De ce* je me puis revenchier** :   *ces imputations
Qui n'a mesfait ne le doit dire. **défendre

XXV

Bien est verté* que j'ay amé   *vérité
Et ameroie* voulentiers** ;   *quatre syll.
195 Mais triste cuer, ventre affamé   **volontiers
Qui n'est rassasié au tiers
M'oste des amoureux sentiers. **(47)**
Au fort*, quelqu'ung s'en recompence**, *après tout
Qui est ramply sur les chantiers[104]! **le fasse pour moi
200 Car la dance vient de la pance[105].

---

104. Anagramme, comme le voulait Foulet, d'Ythier Marchant (voir v. 970 et *Lais* v. 81). Villon aurait été supplanté par cet élégant auprès de Catherine dès 1456, et mettrait son échec sur le compte de la pauvreté ; **105.** Souvenir biblique : « Quand le peuple eut mangé, il se leva pour danser » (cité par Bossuet, *Lettre au P. Caffaro sur les spectacles*). Le xve siècle reprendra souvent cette parole, et en étendra les applications.

━━━━━ **QUESTIONS** ━━━━━

Questions 43, 44, 45, 46 et 47, v. p. 63.

XXVI

Hé! Dieu, se j'eusse estudié
Ou temps de ma jeunesse folle
Et a bonnes meurs* dedié**, *mœurs **consacré
J'eusse maison et couche molle.
205 Mais quoi? je fuyoie* l'escolle, *trisyll.
Comme fait le mauvais enfant*. *« écolier »
En escripvant ceste parolle,
A peu que* le cuer ne me fent**. **(48)** *peu s'en faut **fende

XXVII

Le dit du Saige trop luy feiz[106]* *peignis
210 Favorable (bien en puis mais!*) *me voilà bien avancé!
Qui dit : « Esjoÿs toy, mon filz,
En ton adolescence » ; mais
Ailleurs[107] sert bien d'ung autre més*, *mets
Car « Jeunesse et adolescence »,
215 C'est son parler, ne moins ne mais,
« Ne sont qu'abus et ignorance ». **(49)**

XXVIII

Mes jours s'en sont allez errant* **(50)** *rapidement
Comme, dit Job[108], d'une touaille* *toile
Font les filetz*, quant tisserant *les fils qui dépassent
220 En son poing tient ardente paille :

---

106. Ecclésiaste, xi, 9 ; **107.** Ecclésiaste, xi, 10 ; **108.** Job, vii, 6. Seuls les vers de Villon ont 37
l'intensité de la « chose vue ».

——— QUESTIONS ———

43. Essayez d'analyser ce demi-sourire de Villon, vers 173-174.

44. Etudiez la mélancolie du vers 177 et du couplet XXIII.

45. Comment faut-il entendre *ung peu?*

46. Comment comprendre *vendu?* Elucidez l'allusion possible.

47. A quelle langue appartient cette périphrase? Y a-t-il changement de regis- 3
tre en cours de couplet?

48. Pourquoi ce couplet célèbre entre tous s'impose-t-il de lui-même à la 3
mémoire?

49. A y regarder de près, qui serait coupable des erreurs de Villon?

50. C'est proprement la seule image que Villon ait suggérée d'après la Bible. 3
Appréciez et expliquez le degré de réussite.

Lors, s'il y a nul* bout** qui saille***,   *un **fil ***dépasse
Soudainement il le ravit,
Si ne crains plus que rien m'assaille,
Car a la mort tout s'assouvit*. **(51)**   *aplanit

OU SONT LES GRACIEUX GALLANS...

XXIX

225 Ou sont les gracieux gallans*   *lurons
     Que je suivoye ou temps jadis,
     Si bien chantans, si bien parlans,
     Si plaisans* en faiz et en dis?   *agréables
     Les aucuns* sont morts et roidis,   *les uns
230 D'eulx n'est il plus riens maintenant :
     Repos aient* en paradis,   *dissyll.
     Et Dieu saulve le remenant*! **(52)**   *les survivants

XXX

     Et les autres sont devenus,
     Dieu mercy! grans seigneurs et maistres;
235 Les autres mendient* tous nus   *trisyll.
     Et pain ne voient* qu'aux fenestres;   *dissyll.
     Les autres sont entrez en cloistres
     De Celestins et de Chartreux[109],
     Botez, housez*, com** pescheurs d'oistres.   * « chaussés » **comme
240 Voyez l'estat divers d'entre eux*.   *la diversité de leurs sorts

XXXI

     Aux grans maistres Dieu doint* bien faire,   *que Dieu donne de
     Vivans en paix et en requoy*;   *repos
     En eulx il n'y a que refaire*,   *rien à reprendre
     Si s'en fait bon taire tout quoy*.   *coi
245 Mais aux povres qui n'ont de quoy,
     Comme moy, Dieu doint patience!

---

109. Villon les nommera toujours ensemble : les célestins, du nom de leur fondateur Célestin V (1251), obéissaient à une règle rigoureuse et Villon ne les accuse pas précisément de rompre l'abstinence (voir v. 250-251). Charles V les avait introduits à Paris, et leur couvent se trouvait à l'angle de la rue du Petit-Musc. Leur « moutier » contenait des peintures murales du Ciel et de l'Enfer. La mère de Villon était leur paroissienne. Ils se rattachaient aux ordres mendiants. Les chartreux se rattachaient aux bénédictins; ils furent installés rue d'Enfer à Paris en 1257, au Vauvert, dans une maison qui passait pour hantée.

Commentaire philologique, grammatical et stylistique.

Vers 225. — *Gracieux.* A prendre au sens à la fois mondain et religieux de « grâce divine » : au fond Villon, qui cherche à conjurer la Mort, évoque le temps radieux de Jouvence. Sur ce point, il ouvre la voie à bien des poètes, dont le moins illustre n'est pas Chateaubriand. Le mot restitue à « triste » (v. 179) toute sa force étymologique : le poète, « broyé » par la vie, n'est plus qu'une épave.

Vers 226. — *Suivoye.* Significatif (voir v. 722) : excellent second, piètre meneur, voilà Villon.

Vers 233, 235, 237. — *Les autres.* Entendre : « Parmi les autres, certains... ; certains autres... ; d'autres encore... »
— *Seigneurs et maistres.* Comme aujourd'hui, depuis quatre siècles, « maître et seigneur » au singulier.
— *Devenus.* Entendre : « ont été faits » *(facti sunt).* Villon ne voit pas dans leur réussite un acte volontaire. Comparer avec le *Dieu mercy* (= « par la grâce de Dieu ») du vers suivant. Villon n'a pas plus de responsabilité dans sa chute que ses anciens condisciples dans leur ascension.

Vers 239. — *Botez, housez.* Effet de crescendo. Demi-sourire de Villon à l'égard de religieux déchaux contraints par la prospérité à se couvrir pieds, jambes et cuisses. En tout cas, aucune arrière-pensée de satire : Villon esquisse seulement une antithèse au vers 235.

Vers 240. — *Estat divers.* Construction latine, où tout l'accent porte sur l'adjectif. Entendre : « la diversité (= la plus parfaite opposition) de leurs situations ». Voir dans *le Cid* : « mon père mort », pour « la mort de mon père ».

Vers 241. — *Doint.* Sing., 3ᵉ pers. du subj. prés. du verbe *doner*. Le latin avait deux formes pour la 1ʳᵉ pers. du prés. de l'ind., *do* et *dono*. *Do*, forme trop brève, a été étoffée, comme *vo* (de *vado*), en *dois*. Cette forme s'est croisée avec *don* (de *dono*) et on a abouti à *doins*. Sur cette forme a été constitué le subj. *doinse*, dont la 3ᵉ pers. du sing. est *doinst*. Mais la forme régulièrement issue du subj. prés. latin *donet* est *dont*. *Doinst* et *dont* se sont contaminés pour donner *doint*.
— *Bien faire.* Il s'agit de bien agir. Villon est de son temps, non du nôtre : aucune réussite matérielle ne saurait flétrir la « grâce » de ses anciens « gallans », et encore moins les corrompre. Dieu donne à celui qui a, selon le précepte évangélique. Aucune amertume envers ses égaux de jadis, pas plus qu'envers les grands ou ses parents « riches » (v. 181) : telle est l'harmonie du poète avec sa société qu'il ne prend pas même la peine de la suggérer.

Vers 246. — *Patience.* Aux vertus actives des « élus » doit correspondre la vertu passive des « pauvres ».

QUESTIONS

51. Etudiez l'art du trait final.
52. Faites apparaître la continuité de l'inspiration à la suite du vers 224.

Aux autres[110] ne fault qui ne quoy,
Car assez* ont pain et pitance. **(53)**

*à satiété

XXXII

Bons vins ont, souvent embrochiez*,
250 Saulces, brouetz et gros poissons,
Tartes, flans, oefz fritz et pochiez,
Perdus* et en toutes façons.
Pas ne ressemblent les maçons[111],
Que servir fault a si grant peine :
255 Ilz ne veulent nuls eschançons,
De soy* verser chascun se peine. **(54)**

*dont on vide broc
sur broc

*brouillés?

*à soi-même

XXXIII

En cest incident* me suis mis**
Qui de riens ne sert a mon fait ;
Je ne suis juge, ne commis*
260 Pour pugnir n'absoudre mesfait :
De tous suis le plus imparfait, **(55)**
Loué soit le doulx Jhesu Crist! **(56)**
Que par moy leur soit satisfait*!
Ce que j'ay escript est escript[112].

*écart (digression)
**tombé

*chargé

*fait excuse ainsi

XXXIV

265 Laissons le moustier* ou il est ;
Parlons de chose plus plaisante :
Ceste matiere a tous ne plaist,
Ennuyeuse* est et desplaisante.
Povreté, chagrine, dolente*,
270 Tousjours, despiteuse* et rebelle,
Dit quelque parolle cuisante ;
S'elle n'ose, si la pense elle. **(57)**

*église

*fâcheuse

*geigneuse

*en dépit

XXXV

Povre je suis de* ma jeunesse,
De povre et de petite extrace* ;
275 Mon pere n'eust oncq grant richesse,

*depuis

*naissance

---

110. Célestins et chartreux ; 111. Inutile de voir dans ces vers une confidence biographique. Le métier de maçon reste encore un des plus durs qui soient, et tout homme peut se figurer ce que devait être la vie de leurs « mousses ». Du temps de Villon, il n'y avait qu'à regarder ; 112. Saint Jean, XIX, 22.

Commentaire philologique, grammatical et stylistique.

Vers 248. — *Pitance*, repas chétif accordé par « pitié ». Autre demi-sourire du poète, uniquement attentif au pittoresque du couplet suivant.

Vers 253. — *Ressemblent*. Ce verbe est pour longtemps encore transitif direct.

Vers 261. — *Imparfait*. Mot essentiel. Au moment où Villon, par un mouvement bien humain, allait condamner ou revendiquer, un mouvement d'humilité (voir v. 875) l'arrête net, et couronne l'examen de conscience : les préférés de Dieu ont certes des défauts, qui ne sauraient être graves ! — tout au plus peut-on dire qu'ils ne sont pas parfaits —; Villon, lui, plutôt que dupe, plutôt qu'ignorant, est singulièrement « imparfait ». La conscience de sa misère prédomine sur tout autre sentiment au point de l'estomper.

Vers 262. — *Doulx*. Épithète et invocation également significatives. Le Moyen Age, au temps d'affliction, prie volontiers en Jésus le « beau doulx ami ».

Vers 265. — *Moustier*. Le contexte indique qu'il s'agit d'un couvent de Cocagne. Le proverbe en est tout rajeuni et signifie non plus « Agréons un mal auquel il n'est point de remède », mais « Laissons à d'autres des biens qui ne sont pas pour nous ». Sourire de Villon?

Vers 265-304. — Sur le sens de *mouvement*, voir Notice p. 15.

Vers 267. — *Ceste matière*. Allusion au caractère épineux du problème posé par la diversité des « états » et par celle des mérites dans la répartition des biens de ce monde. Observer qu'avec la Mort Villon est au contraire certain de plaire.

— *A tous*. Mot singulier si l'on songe à un testament, mais fort naturel s'il s'agit d'un rôle de théâtre.

— *Plaist*. Plaire à tous, première expression, assez inattendue, d'un des principes littéraires les plus fermes de l'école classique.

Vers 268. — *Ennuyeuse [...] et déplaisante*. Deux mots extrêmement forts pour plus de trois siècles à venir. Observer la gradation : les composés en « dé- » indiquent non pas absence de la qualité niée, mais présence de son contraire, sorte de litote qui, pour longtemps encore, ne supporte aucune exception.

Vers 270. — *Despiteuse*. Entendre : « irritée à force d'avoir été méprisée » (*despit* est apparenté au latin *de-spicere*, « regarder de haut »).

Vers 271. — *Cuisante*. Entendre « caustique ». Il existe une littérature satirique, à laquelle Villon tourne le dos.

Vers 273-304. — Sur ce mouvement mineur, voir Notice p. 15, Villon, tout pauvre-né qu'il est, ne se plaindra pas; un pauvre en vie vaut mieux qu'un riche mort, ou « disparu », comme Jacques Cœur. N'en demandons pas trop à Villon sur ce Riche par excellence.

QUESTIONS

53. Pourrait-on parler de société sclérosée?

54. Étudiez dans les couplets XXIX à XXXII où se situent les regrets de Villon : êtres ou milieux, est-il plus sensible à l'aspect social ou à l'aspect moral? ou pittoresque?

55. Montrez l'évolution des sentiments depuis l' « incident » de Diomède.

56. Villon n'a-t-il pas dans le savoir deux notions strictement complémentaires de Dieu, l'une païenne, l'autre chrétienne?

57. Est-il possible de parler de satire à propos de Villon? Essayez de préciser ce que son attitude a de presque unique dans notre littérature.

Ne son ayeul, nommé Orace ; **(58)**
Povreté tous nous suit et trace*. **(59)**   *harcèle
Sur les tombeaulx de mes ancestres,
Les ames desquelz Dieu embrasse!
280 On n'y voit couronnes ne ceptres.

XXXVI

De povreté me garmentant*,   *lamentant
Souventesfois me dit le cuer :
« Homme, ne te doulouse* tant   *désole
Et ne demaine* tel douleur,   *mène
285 Se tu n'as tant qu'eust Jaques Cuer[113] :
Mieulx vault vivre soubz gros bureau[114]*   *grossière bure
Povre, qu'avoir esté seigneur
Et pourrir soubz riche tombeau! » **(60)**

XXXVII

Qu'avoir esté seigneur!... Que dis*?   *dis-je
290 Seigneur, las! et ne l'est il mais?
Selon les davitiques* dis   *de David
Son lieu ne congnoistra jamais[115]*.   *il ne reverra jamais
Quant du surplus, je m'en desmetz :   son fief
Il n'appartient a moy, pecheur ;
295 Aux theologiens le remetz,
Car c'est office de prescheur[116]. **(61)**

---

113. *Jacques Cœur* (1395 env.-1456) : riche commerçant de Bourges, « argentier » du roi
Charles VII. Dénoncé, condamné, dépouillé de ses biens par le roi, emprisonné, il se trouva,
une fois évadé de sa prison, chargé par le pape d'une expédition contre les Turcs. Il mourut à
Chio. Riche trafiquant, « maître de forges », banquier du souverain, c'était le riche par
excellence ; 114. Le « bureau » actuel est le meuble sur lequel on étend une bure protectrice,
et, par voie de conséquences, la pièce où se trouve ce meuble ; 115. Citation fort exacte du
psaume XXXVI, 10 ; 116. C'est-à-dire de jacobin. Seul un théologien peut dire qui sera sauvé et
qui sera damné. Villon, dès le début du *Testament* proprement dit, ne se fera pas faute de se
prononcer.

QUESTIONS
---

58. En quoi Villon peut-il se considérer comme l'héritier de l'Horace latin?

59. Villon est-il fidèle à son image de la Fortune et du Destin?

60. Par quel biais Villon passe-t-il de l'idée de la pauvreté à celle de la mort?

61. Pourquoi Villon refuse-t-il (v. 295-296) de faire de la « théologie »? Pour-quoi confie-t-il la besogne aux *prescheurs*?

XXXVIII

Si ne suis, bien le considere,
Filz d'ange portant dyademe*
D'estoille ne d'autre sidere[117]*. **(62)**

*prononcer « diadame »

*astre

300 Mon pere est mort, Dieu en ait l'ame !
Quant est du corps, il gist soubz lame*.
J'entens* que ma mere mourra,
El le scet bien, la povre femme,
Et le filz pas ne demourra*.

*dalle funéraire

*je sais

*demeurera

XXXIX

305 Je congnois que povres et riches, **(63)**
Sages et folz, prestres et laiz*,
Nobles, villains, larges et chiches,
Petiz et grans, et beaulx et laiz,
Dames a rebrassez* colletz,
310 De quelconque condicion,
Portans atours[118] et bourreletz,
Mort saisit* sans excepcion[119]. **(64)**

*laïcs

*large ouverts

*affirme son droit de propriété sur

XL

Et meure Paris[120] ou Helaine,
Quiconques meurt, meurt a* douleur
315 Telle qu'il pert vent* et alaine** ;
Son fiel se creve sur son cuer,
Puis sue*, Dieu scet quelle sueur[121] !
Et n'est qui de ses maux l'alege :

*dans la

*souffle **haleine

*prononcer « su' »

---

117. Il ne faut pas serrer le texte de trop près : nous sommes en pleine imagerie populaire. Chaque ange porte une étoile au front, ou un astre ; il se peut que ce soit une image du corps céleste dont il est spécialement le gardien ; 118. L'atour est le hennin, haute coiffure allant jusqu'à trois pieds de haut, et propre aux femmes de la noblesse ; celles de la bourgeoisie rehaussaient de leur mieux leurs chaperons à l'aide de bourrelets ; 119. Allusion à la Danse macabre du cimetière des Innocents ; 120. Pâris est le plus beau des Troyens ; Hélène, la plus belle des Grecques. C'est tout ce que Villon en sait, et à cela, pour lui comme pour tout son temps, se résument les poèmes homériques ; 121. Allusion à l'Agonie du jardin des Oliviers ? Une tradition tenace veut que Jésus ait alors sué du sang.

--- **QUESTIONS** ---

62. A quoi tient la mystérieuse beauté de ces vers ?

63. Quel est selon vous le ton de ce vers ?

64. Pour l'économie générale du couplet, comparez avec le couplet XXVIII. Y a-t-il un effet de crescendo ?

Car enfant n'a, frere ne seur,
320 Qui lors voulsist* estre son plege**. (65)   *voulût **garant

XLI

La mort le fait fremir, pallir,
Le nez courber, les vaines* tendre,   *veines
Le col enfler, la chair mollir,
Joinctes* et nerfs croistre** et estendre.   *jointures **étirer
325 Corps femenin, qui tant es tendre,
Poly, souef*, si precieux,   *doux
Te fauldra il ces maux attendre*?   *prévoir pour toi
Oy*, ou** tout vif aller es cieulx. (66)   *oui **à moins de

BALLADE

BALLADE DES DAMES DU TEMPS JADIS

Dictes moy ou, n*'en quel pays,   *et
330 Est Flora[122] la belle Rommaine,
Archipiades[123], ne Thaïs[124],
Qui fut sa cousine germaine[125],
Echo[126] parlant quant bruyt on maine
Dessus riviere ou sus estan,
335 Qui beaulté ot trop plus qu'humaine.
Mais ou sont les neiges d'antan*?   *de l'an passé

Ou est la tres sage* Helloïs[127],   *savantissime
Pour qui chastré fut et puis moyne*   *prononcer « moène »
Pierre Esbaillart a Saint Denis?
340 Pour son amour ot ceste essoyne.
Semblablement, ou est la royne
Qui commanda que Buridan[128]

---

122. *Flora* : courtisane romaine ; **123.** *Archipiades* : le Grec Alcibiade, souvent pris au Moyen Age pour une femme ; **124.** *Thaïs* : courtisane grecque ; **125.** Parenté fantaisiste ; **126.** *Echo* : nymphe éprise de Narcisse ; **127.** *Helloïs* : Héloïse, amante d'Abélard (*Esbaillart*), philosophe mort en 1142 ; **128.** *Buridan* : recteur de l'université de Paris, mort en 1360. Selon une légende, la *royne* Marguerite de Bourgogne (morte en 1315) l'aurait fait jeter dans la Seine, mais ses amis l'auraient sauvé.

— QUESTIONS —

65. Etudiez la composition de ce couplet. Est-ce l'horreur qui domine, ou l'amertume?

66. Il s'agit d'une reprise du couplet précédent. On étudiera la gradation et l'extension des visions et des sentiments.

Fust geté en ung sac en Saine*?   *Seine
Mais ou sont les neiges d'antan?

345 La royne Blanche[129] comme lis
Qui chantoit à voix de seraine*,   *sirène
Berte[130] au grant pié, Bietris[131], Alis[132],
Haremburgis[133] qui tint le Maine,
Et Jehanne la bonne Lorraine
350 Qu'Englois brulerent a Rouan ;
Ou sont ilz*, ou, Vierge souvraine?   *elles
Mais ou sont les neiges d'antan?

Prince, n'enquerez de* sepmaine   *de cette
Ou elles sont, ne de cest an,
355 Qu'a ce reffrain ne vous remaine* :   *je ne vous redise
Mais ou sont les neiges d'antan[134]? **(67)**

[Vient alors la BALLADE DES SEIGNEURS DU TEMPS JADIS. Considérée isolément, elle ne serait pas sans charme. De toute façon, un

129. *Blanche* : peut-être Blanche de Castille, mère de Saint Louis ; 130. *Berte* : mère de
Charlemagne ; 131. *Bietris* : Béatrix, mal identifiée ; 132. *Alis* : Aélis, l'une des filles d'Aliénor
d'Aquitaine, ou personnage des romans épiques ; 133. *Haremburgis* : Arembour, comtesse du
Maine, morte en 1226 ; 134. C'est le thème éternel du néant des grandeurs du monde. Il
remonte à la Bible et a connu au Moyen Age une vogue extraordinaire. Eustache Deschamps
(1346-1406) lui a notamment consacré une ballade des dames :

> Judith, Esther, bonne Pénélopée,
> Royne Dido, Pallas, Juno, Médée,
> Guenièvre, Yseult et la très belle Hélène

sont ainsi évoquées. Le même poète demande :

> Prince, et ou est Oliviers et Rolans?

Pour conclure :

> Ils sont tous morts, le monde est chose vaine.

Charles d'Orléans était arrivé à la même conclusion :

> Au vieil temps, grand renom courait
> De Chryséis, d'Iseult, d'Hélène,
> Et maintes autres qu'on nommait
> Parfaites en beauté hautaine,
> Mais au derrain, en son domaine
> La mort les prit piteusement.
> Par quoi le puis voir clairement,
> Ce monde est une chose vaine.

Indiquons, pour mémoire, que l'aventure d'Abélard est évoquée dans le *Roman de la Rose*
(v. 8795-8800). Il est dès lors aisé de définir les emprunts et l'originalité de Villon.

— **QUESTIONS** —

67. Etudiez plus particulièrement le mouvement des vers 345 à 352.
Les dames du temps jadis sont-elles évoquées au hasard des noms et des
légendes? A quoi tient l'unité de la ballade?

quatrain la sauve : c'est celui où apparaît une vision de l'univers à laquelle pourrait souscrire quelque valet de Molière, fin compagnon des fols et folles, des sots et sottes du Grand Siècle, sauf que sous le papillotement général d'un monde baroque perce, au lieu du baroque même, la mort. « Autant en emporte ly vens », conclut (v. 412) la Ballade en vieil langage françoys.]

XLII

Puis que papes, roys, filz de roys
Et conceus en ventres de roynes,
415 Sont ensevelis mors et frois,
En autruy mains* passent leurs regnes,   *qu'en mains d'autrui
Moy, povre mercerot* de Renes[135],   *petit mercier
                                               de Rennes
Mourray je pas? Oy, se Dieu plaist ;
Mais que j'aye fait mes estrenes*,   *encore voudrais-je
                                               ma part de bonheur
420 Honneste mort ne me desplaist. (68)

XLIII

Ce monde n'est perpetuel,
Quoy que pense riche pillart :
Tous sommes soubz mortel coutel.
Ce confort prent povre viellart[136],
425 Lequel d'estre plaisant* raillart**   *charmant **blagueur
Ot le bruit, lors que jeune estoit,
Qu'on tendroit a fol et paillart,
Se, viel, a railler se mettoit. (69)

XLIV

Or luy convient il mendier,
430 Car a ce force le contraint.
Regrete huy sa mort et hier,
Tristesse son cuer si estraint ;
Se, souvent, n'estoit Dieu qu'il craint.

---

135. Inutile de chercher ici un souvenir biographique (voir v. 253) ; **136.** Villon pense évidemment à lui-même : une pudeur bien naturelle le fait parler à la troisième personne (voir v. 439). Les pensées du couplet suivant ont été chassées par le poète et il les met tout à fait sur le compte d'autrui. Ce n'est pas à partir de ce moment que Villon croit que le ton de plaisanterie est passé, et pourtant...

▬ QUESTIONS ▬

68. Comparez le ton de ce couplet avec le premier couplet du *Problème*. En quoi peut consister pour Villon une *honneste mort* (v. 420)?

69. Le conseil donné aux vieillards a-t-il gardé sa valeur?

« Les Regrets de la Belle Heaulmière. »

Gravure de l'édition de Pierre Levet (1489).
Paris, Bibliothèque nationale.

Il feroit ung orrible fait ;
435 Et advient* qu'en ce Dieu enfraint   *il arrive
Et que luy mesmes se desfait.

XLV

Car s'en jeunesse il fut plaisant,
Ores plus riens ne dit qui plaise :
Tousjours viel cinge* est desplaisant,   *singe
440 Moue* ne fait qui ne desplaise ;   *dissyll.
S'il se taist, affin qu'il complaise,
Il est tenu pour fol* recreu ;   *fieffé
S'il parle, on luy dit qu'il se taise
Et qu'en son prunier n'a pas creu*. (70)   *aucun fruit n'est venu

XLVI

445 Aussi ces povres fameletes
Qui vielles sont et n'ont de quoy,
Quant ilz voient ces pucelletes
Emprunter elles*, a requoy**   *leur sentier
Ilz demandent a Dieu pourquoy   **tout bas
450 Si tost naquirent[137], n'a quel droit.
Nostre Seigneur se taist tout quoy,
Car au tancer* il le perdroit[138]. (71)   *à disputer

LA VIEILLE EN REGRETTANT
LE TEMPS DE SA JEUNESSE

LES REGRETS DE LA BELLE HEAULMIÈRE

XLVII

Advis m'est que j'oy regreter*   *se plaindre
La belle qui fut hëaulmiere[139],
455 Soy jeune fille* soushaitter   *redevenir jeune fille

---

137. La Vieille de Jean de Meung disait qu'il lui vaudrait mieux être à jamais emprisonnée dans une tour que « d'avoir été si tôt née » ; 138. Voilà peut-être les vers d'où est venue la *Ballade des femmes de Paris*, qui n'est pas précisément un chef-d'œuvre de composition ; 139. Née vers 1375. En 1394, elle figure dans les registres capitulaires de Notre-Dame, sans doute protégée par Nicolas d'Orgemont, maître de la Chambre des comptes, chanoine de Notre-Dame, frère de l'évêque de Paris, mort en 1416. Son « ami » serait mort entre 1426 et 1432, à en croire notre texte. En 1462, elle n'était plus qu'une épave, mais elle incarne à merveille un type libre créé par Jean de Meung et repris par Eustache Deschamps.

Commentaire philologique, grammatical et stylistique.

Vers 447. — *Ilz*. Villon connaît *elles*. Mais il emploie *ilz* sans aucun scrupule quand la mesure du vers l'exige. Ce « féminin » existe encore dans le parler rural du pays de Dinan.

Vers 448. — *Emprunter*. Le contexte indique que cet « emprunt » est nécessairement gratuit : sinon les petites vieilles auraient de quoi vivre. Les *pucellettes* leur empruntent seulement leurs façons de faire : elles marchent sur la trace des anciennes sans payer tribut.

— *Elles*. Entendre « à elles » (les vieilles femmes). Sur la place de ce pronom voir la place de *leur* (v. 554) et de *moy* (v. 885).

Vers 450. — *N'*. Signifie « et », dès que la phrase prend un tour interrogatif ou négatif. Voir vers 329.

Vers 452. — *Le*. Pronom neutre purement explétif (voir, par exemple, « vous l'emportez »).

─────── **QUESTIONS** ───────

70. Faites apparaître le procédé, moliéresque avant la lettre, qui régit l'ordre   9
de ces deux « scènes » (XLIV-XLV).

71. Que représentent exactement *Dieu* (v. 449) et *Notre-Seigneur* (v. 451)   9
pour Villon? Ce quatrain n'éclaire-t-il pas toute la religion de Villon?

Et parler en telle maniere :
« Ha! vieillesse felonne et fiere*,   *cruelle
Pourquoi m'as si tost abatue?
Qui me tient, qui, que ne me fiere*,   *frappe
460 Et qu'a ce coup je ne me tue?

XLVIII

« Tollu* m'as la haulte franchise   *ravi
Que beaulté m'avoit ordonné*   *établi
Sur clers, marchans et gens d'Eglise :
Car lors il n'estoit homme né*   *sur terre
465 Qui tout le sien* ne m'eust donné,   *son bien
Quoy qu'il en fust des repentailles,
Mais que* luy eusse habandonné   *pourvu que
Ce que reffusent truandailles. **(72)**

XLIX

« A maint homme l'ay reffusé,
470 Qui* n'estoit a moy grant sagesse,   *Ce qui
Pour l'amour d'ung garson rusé,
Auquel j'en feiz grande largesse.
A qui que je feisse* finesse,   *Si avec d'autres
Par m'ame, je l'amoye bien!   j'usais de
475 Or ne me faisoit que rudesse,
Et ne m'amoit que pour le mien*.   *mon bien

L

« Si ne me sceut tant detrayner*,   *brutaliser
Fouler aux piez, que ne l'aymasse,
Et m'eust il fait les rains trayner*,   *m'eût-il traînée sur
480 S'il m'eust dit que je le baisasse,   les reins
Que tous mes maulx je n'oubliasse.
Le glouton*, de mal** entechié***,   *vaurien **vice
M'embrassoit... J'en suis bien plus grasse*!   ***entaché
Que m'en reste il? Honte et pechié.   *avancée

LI

485 « Or est il mort, passé trente ans,
Et je remains* vielle, chenue.   *survis
Quant je pense, lasse! au bon temps,
Quelle fus, quelle devenue!

Commentaire philologique, grammatical et stylistique.

Vers 459. — *Qui.* Interrogatif neutre (= qu'est-ce qui...?).

Vers 460. — *Je ne me tue.* Villon dit « tuer » ou « se tuer », mais à la voix passive « être occis » (voir *Epitaphe* Villon, v. 12 et *Problème*, v. 15).

Vers 461. — *Tollu.* Inversion significative, à l'attaque d'un couplet. Voir vers 177, 273, 313.

Vers 462. — *Ordonné.* L'accord demanderait le féminin : aucune règle de syntaxe ne tient contre la préséance de la rime pour l'œil. Villon est grammairien, mais c'est un grammairien d'avant la grammaire.

Vers 468. — *Truandailles.* Le contexte interdit d'entendre « gueuses », car celles-ci ont toutes un « ami de cœur ». Il s'agit ici des « gueux » et des « clochards » : la Belle Heaulmière en est au point où elle sera un jour Gervaise Coupeau. Il faut y regarder à deux fois avant de prêter une équivoque à Villon, et ne pas craindre de se laisser prendre « au cœur par les belles choses » en ne retenant que le sens le plus naturel qui est toujours le plus pittoresque, comme ici.

Vers 481. — *Je n'oubliasse.* La négation est de trop, mais elle se comprend aisément en vertu de l'intensité du vers initial, véritable anacruse, qui veut que « Et m'eût-il fait » est *senti* comme « ni tant faire les reins traîner... ». Ici, une fois de plus, la syntaxe se moque de la syntaxe : la Belle Heaulmière est encore tout entière en puissance de son *garson rusé*.

Vers 482. — *Glouton.* Un des plus vieux mots de notre langue pour désigner le « méchant », « de mal (physique, moral?) entiché (= taché) », en un mot le vice incarné. C'est le titre qui restera à ce « ribaud », mais la valeur en est réversible : titre d'infamie et titre d'affection. Voir la chanson populaire ; c'est une Belle Heaulmière de nos jours qui parle :

> « l' n'a qu'à m' regarder :
> Je n' peux rien contre lui... »

Vers 483. — *M'embrassoit.* Le mot a toute sa vigueur étymologique. Il est en progrès sur le *baisasse* du vers 480. Tout cela suggère l'ampleur de l'élan et du frisson, non moins que le rejet, et la densité de la ponctuation affective.

Vers 484. — Ce vers est un des sommets de l'œuvre. Tout se passe comme si le poète avait reconnu une sœur dans la Belle Heaulmière (voir le commentaire au v. 177 et tenir en même temps compte du v. 2). Ainsi, le vers 453 prend toute sa force ; nous sommes, comme lors de l'examen de conscience, en face d'un authentique monologue, et d'une suite d'ensembles dramatiques alternant avec des pauses lyriques. La réussite n'est ici qu'à son début, mais elle est telle que nous y voyons la preuve que Villon a sûrement fait l'expérience du théâtre.

QUESTIONS

72. Commentez la fierté de ces vers (v. 461-468).

Quant me regarde toute nue,
490 Et je me voy si tres changiee,
Povre, seiche, megre, menue,
Je suis presque toute enragiee*.

*folle de rage

LII

« Qu'est devenu ce front poly,
Cheveulx blons, ces sourcils voultiz*
495 Grant entroeil*, ce regard joly,
Dont prenoie les plus soubtilz ;
Ce beau nez droit grant ne petiz,
Ces petites joinctes* oreilles,
Menton fourchu*, cler vis traictiz**,
500 Et ces belles levres vermeilles? (73)

*arqués
*entr'œil

*bien attachées
*à fossette **bien
dessiné

LIII

« Ces gentes espaulles menues,
Ces bras longs et ces mains traictisses*,
Petiz tetins, hanches charnues,
Eslevees*, propres, faictisses**
505 A tenir amoureuses lisses ;
Ces larges rains, ce sadinet
Assis sur grosses fermes cuisses,
Dedens son petit jardinet?

*fines

*quatre syll. **bien
faites pour

LIV

« Le front ridé, les cheveux gris,
510 Les sourcilz cheus*, les yeulx estains**,
Qui faisoient regars et ris
Dont mains marchans furent attains ;
Nez courbes de beaulté loingtains,
Oreilles pendantes, moussues*,
515 Le vis pally, mort et destains*,
Menton froncé, levres peaussues* :

*affaissés **éteints

*velues
*déteint
*ridées

LV

« C'est d'umaine beaulté l'issue!
Les bras cours et les mains contraites*,
Les espaulles toutes bossues ;
520 Mamelles, quoy? toutes retraites* ;
Telles les hanches que les tetes* ;
Du sadinet, fy! Quant des cuisses

*rétractées

*rentrées
*tétins

Commentaire philologique, grammatical et stylistique.

Vers 499. — *Menton fourchu,* expression assez disgracieuse pour notre goût, et appelée à périr en raison du caractère plus déplaisant encore de l'expression similaire de « pied fourchu ». Mais elle est longtemps restée populaire, et figure encore sur le passeport établi pour Charlotte Corday.

Vers 493-508. — Il faudrait pour ainsi dire commenter tous les mots de ce célèbre texte, car il donne une assez juste idée du canon de la beauté féminine vers 1460. Le moins curieux de ce Goya sans soleil n'est pas qu'il évoque étrangement certains nus de Cranach, qui, rappelons-le, ne verra le jour qu'en 1470. En tant que portrait, nous avons ici un « blason », très méthodique et très précis ; c'est à cette veine que se rattacheront les portraits « baroques » des satires de Régnier.

Vers 517. — *Issue* ne rime pas pour l'œil avec *bossues.* C'est l'exception qui confirme la règle. On peut toujours écrire « issues », avec un « s » analogique du cas sujet masculin. Observer l'enjambement de strophe à strophe.

QUESTIONS

---

73. Essayez d'analyser ce canon de la beauté parisienne au XVe siècle (LI et LII). A-t-il vieilli, et en quoi ?

Cuisses ne sont plus, mais cuissetes
Grivelees* comme saulcisses.

*couperosées (quatre syll.)

LVI

525 « Ainsi le bon temps* regretons
Entre nous, povres vielles sotes
Assises bas, à croupetons,
Tout en ung tas* comme pelotes,
A* petit feu de chenevottes**
530 Tost allumees*, tost estaintes ;
Et jadis fusmes si mignotes*!...
Ainsi en prent* a mains et maintes. » **(74)**

*le temps du bonheur.

*affaissées
*autour de **brins de chanvre
*quatre syll.
*mignonnes
*il en arrive

BALLADE

LA BELLE HEAULMIÈRE AUX FILLES DE JOIE

« Or y pensez, belle Gantiere[140]
Qui m*'escoliere souliez estre,
535 Et vous, Blanche la Savetiere,
Or est il temps de vous congnoistre.
Prenez a destre et a senestre ;
N'espargnez homme, je vous prie :
Car vielles n'ont ne cours ne estre*,
540 Ne que monnoye* qu'on descrie[141]. **(75)**

*mon

*valeur
*trisyll.

« Et vous, la gente Saulciciere
Qui de dancier* estre adestre**,
Guillemete la Tapiciere,
Ne mesprenez vers* vostre maistre :
545 Tost vous fauldra clorre fenestre* ;
Quant deviendrez vielle, flestrie,
Plus ne servirez qu'ung viel prestre,
Ne que monnoye qu'on descrie.

*danser **habile à

*soyez sans faute envers
*fermer boutique

---

140. Toutes ces femmes ont probablement existé : ainsi la Tapissière était la femme d'Etienne Sergent, graveur de sceaux ; on fait état (en 1387) d'une « bourcière » nommée Katherine. Tous ces noms de métier indiquent qu'elles étaient épouses, maîtresses ou employées du maître de la boutique ; **141.** La comparaison est dans Charles d'Orléans (rondeau 393). Il s'agit de pièces qui n'ont plus cours : un « cri » public précédait le retrait de circulation.

Commentaire philologique, grammatical et stylistique.

Vers 525. — *Le bon temps*. Ce n'est pas notre « bon vieux temps », mais le temps du bonheur passé qui rappelle le vers 202, comme du reste, plus loin, le mot *sotes*.

— *Regretons*. Il n'est plus question de suicide, d'abord parce que l'amour de la vie a repris le dessus, et aussi parce que la symétrie avec le *povre viellart* (v. 424), pourtant rappelée au vers 532 *(mains)*, s'est estompée au mépris d'une autre symétrie, bien plus significative, entre Villon et la vieille femme. Le vers 525 est le pendant du vers 169. Observer aussi le passage du singulier au pluriel : nous voici en face d'un chœur. La ballade suivante est bien préparée.

Vers 527. — Il n'est pas sûr qu'elles soient assises sur des sièges : d'où leur silhouette pelotonnée. Rien de la vision de l'Hélène de Ronsard au soir de sa vie.

Vers 529-530. — Il s'agit d'un combustible de misère. Chaque *tost* correspond à un soupir, et explique aussi l'attitude des femmes (v. 527), qui font tout pour être plus près du feu. Ce feu a une valeur symbolique indéniable : il rappelle précisément le couplet XXVIII.

Vers 531. — C'est le ton de la résignation, soit l'équivalent du vers 265.

Vers 532. — C'est le ton de la consolation : voir vers 424 et surtout le couplet XXXIX. Ainsi le cycle est achevé.

Vers 533. — C'est la ballade si bien préparée et pourtant si surprenante. Soudain, la Belle de Jadis se redresse et, sur un ton épique, lance ses bataillons de filles à l'assaut des hommes. Les vers 537-538 signifient en effet : « Frappez fort, Dieu reconnaîtra les siens, mais vous, enrichissez-vous pour toujours ! », car tel est le seul moyen d'éviter la Mort, du moins la Pauvreté et l'affreuse Vieillesse. Après quoi, vieille acariâtre, elle distribue d'un trait les conseils précis (il n'y en a pas deux qui se confondent). Si Villon se résigne, la Vieille, sa sœur, autre vaincue de la vie, est du côté de ceux qui contre-attaquent, ou qui préparent la relève. Les deux « portraits » se renvoient la lumière.

Vers 547. — Entendre, plutôt que « Vous ne rendrez pas plus de services qu'un vieux prêtre » : « Vous serez tout juste bonne à servir un vieux prêtre. » Il y a toute une littérature du « vieil prestre » dans les ouvrages antérieurs (voir Marie de France, *Guigemar*, v. 255). De toute façon, ce sera la misère.

QUESTIONS

74. Faites apparaître le plan et le mouvement du monologue des strophes XLVII à LVI. Mettez en valeur les aspects dramatiques de ce passage.

A quoi le tableau de la strophe LVI doit-il sa puissance ?

75. Que pensez-vous de la comparaison évoquée au vers 540 ? A quel genre littéraire rattachez-vous les *Regrets* et la *Ballade de la Belle Heaulmière* ?

« Jehanneton la Chapperonniere,
550 Gardez qu'amy ne vous empestre* ;   *entrave
Et Katherine la Bourciere,
N'envoyez plus les hommes paistre¹⁴²* :   *se mettre au vert
Car qui belle n'est, ne perpetre*   *fasse
Leur* male grace**, mais leur rie***.   *à eux **mauvais
visage ***sourie
555 Laide viellesse amour n'empestre*,   *attire
Ne que monnoye qu'on descrie.

« Filles, vueillez vous entremettre
D'escouter pourquoy pleure et crie :
Pour ce que je ne me puis mettre*,   *trouver preneur
560 Ne que monnoye qu'on descrie. »

LVII

Ceste leçon icy leur baille
La belle et bonne* de jadis ;   *(pièce)
Bien dit ou mal, vaille que vaille¹⁴³,
Enregistrer j'ay faict ces dis
565 Par mon clerc Fremin l'estourdis,
Aussi rassis que je pense estre.
S'il me desment, je le mauldis* :   *voue au supplice
infernal
Selon le clerc est deu* le maistre. (76)   *dû

LVIII

Si aperçoy le grant dangier
570 Ouquel homme amoureux se boute...
Et qui me vouldroit laidangier*   *blâmer
De ce mot, en disant : « Escoute!
Se d'amer t'estrange* et reboute**   *éloigne **détourne
Le barat* de celles nommees,   *duplicité
575 Tu fais une bien folle doubte*,   *crainte
Car ce sont femmes diffamees*. (77)   *corrompues

---

142. L'expression appartient à la langue amoureuse (= donner son congé à l'amant). Elle n'a pas le caractère familier qu'elle a pris de nos jours ; 143. Villon prend aussi habilement ses distances qu'au vers 424. En réalité, lui seul est toujours en scène, et la Belle Heaulmière a le même rictus que le *povre viellart*.

QUESTIONS

76. En quoi peut-on parler de « plaisanterie contre l'attente » ?
77. Faites apparaître et appréciez le jeu de mots.

LIX

« S'ilz* n'ayment fors que pour l'argent,   *elles
On ne les ayme que pour l'eure ;
Rondement* ayment toute gent,   *à la ronde
580 Et rient* lors que bource pleure.   *dissyll.
De celles cy n'est qui ne queure* ;   *coure
Mais en femmes d'onneur et nom
Franc homme, se Dieu me sequeure*,   *secoure
Se doit emploier ; ailleurs, non. » **(78)**

LX

585 Je prens qu'aucun dye* cecy** ;   *dise (dissyll.)
                                       **cela
Si ne me contente il en rien.
En effect il conclut ainsy,
Et je le cuide entendre bien,
Qu'on doit amer en lieu de bien :
590 Assavoir mon* se ces filletes   *reste à savoir si
Qu'en parolles toute jour tien*   *j'entretiens
Ne furent ilz femmes* honnestes ?   *ne furent pas
                                       femmes

LXI

Honnestes si furent vraiement,
Sans avoir reproches ne blasmes.
595 Si est vray qu'au commencement
Une chascune de ces femmes
Lors prindrent*, ains qu'eussent diffames**,   *prirent **mauvais
L'une ung clerc, ung lay, l'autre ung moine,   renom
Pour estaindre d'amours les flammes
600 Plus chauldes que feu saint Antoine.

LXII

Or firent* selon le Decret[144]**   *Elles choisirent
Leurs amys, et bien y appert* ;   **droit canon
                                       *c'est bien évident

---

144. Souvenir du *Roman de la Rose* :

> Quel dolor au cuer me tenoit
> Quant en pensant me souvenoit
> Des biaus dits, des deux aesiers,
> Des douz deduiz, des dous besiers
> Et des tres douces acolées
> Qui s'en ièrent sitôt volées,
> Volées, voire, et sans retor.

--- **QUESTIONS** ---

78. Etudiez la fermeté de la leçon.

Ilz* amoient en lieu secret,　　　　　　　　　*Elles
Car autre d'eulx* n'y avoit part.　　　　　　*nul autre que cet ami
605 Toutesfois, ceste amour se part :
Car celle qui n'en amoit qu'un
De celuy s'eslongne et despart*,　　　　　　*se sépare
Et aime mieulx amer chascun*.　　　　　　　*se donner à tous

LXIII

Qui les meut* a ce? J'ymagine,　　　　　　*pousse
610 Sans l'onneur des dames blasmer,
Que c'est nature femenine
Qui tout vivement veult amer. **(79)**
[. . . . . .]

[Et Villon d'alléguer un proverbe assez gaillard...] Voici comment se termine le roman :

LXIV

Or ont* ces folz** amans le bont*** 　　　*ont pris **niais ***bond
Et les dames prins la vollee[145] ;　　　　*volée
C'est le droit loyer* qu'amans ont :　　　　*salaire
620 Toute foy y est viollee,
Quelque doulx baiser n'acollee*.　　　　　*malgré tant de... et d'...
« De chiens, d'oyseaulx, d'armes, d'amours*, »
Chascun le dit a la vollee*,　　　　　　　*à tout venant
« Pour ung plaisir mille doulours*. »　　　*douleurs

DOUBLE BALLADE

625 Pour ce, amez tant que vouldrez,
Suyvez assemblees* et festes,　　　　　　*quatre syll.
En la fin ja mieulx n'en vauldrez
Et si n'y romprez que vos testes* ;　　　　*vous n'aurez réuss qu'à vous rompre la tête
· Folles amours font le gens bestes :
630 Salmon en ydolatria[146]*　　　　　　　*devint idolâtre

---

145. Ce proverbe est fait de différents dictons, mais ne se trouve tel quel nulle part. De même au vers 601 Villon a isolé de son contexte une phrase du droit canon ; **146.** Livre des Rois (XI, 1-3).

──── **QUESTIONS** ────

79. Peut-on parler de misogynie?

Samson en perdit ses lunetes[147]*.
Bien est eureux qui riens n'y a*!

*yeux
*qui ne s'y laisse
prendre

Orpheüs[148], le doux menestrier*,
Jouant de fleustes et musetes,
635 En fut en dangier d'un murtrier*
Chien Cerberus a quatre testes ;
Et Narcisus[149], le bel honnestes*,
En ung parfont puis s'en noya
Pour l'amour de ses amouretes.
640 Bien est eureux qui riens n'y a !

*trisyll.

*victime d'un
meurtrier (dissyll.)

*naïf

Sardana[150], le preux chevalier,
Qui conquist le regne de Cretes,
En voulut devenir moullier*
Et filler* entre pucelletes ;
645 David[151] le roy, sage prophetes,
Crainte de Dieu en oublia,
Voyant laver cuisses bien faites.
Bien est eureux qui riens n'y a !

*femme
*filer

Amon en voult deshonnourer,
650 Faignant de menger tarteletes,
Sa seur Thamar[152] et desflourer,
Qui fut inceste deshonnestes* ;
Herodes[153], pas ne sont sornetes,
Saint Jehan Baptiste en decola
655 Pour dances, saulx et chansonnetes.
Bien est eureux qui riens n'y a !

*contraire à
l'honneur

De moy, povre, je vueil parler :
J'en fus batu comme a ru telles*,
Tout nu, ja* ne le quier** celer[154].
660 Qui me feist maschier ces groselles*,
Fors Katherine de Vausselles ?

*toiles
*maintenant **je
ne cherche pas à
*mâcher ces
groselles

---

147. Juges (XIII-XVI) ; 148. Il alla réclamer son épouse Eurydice au roi des Enfers, et dut d'abord affronter Cerbère, chien redoutable à trois têtes ; 149. L'histoire de Narcisse est suffisamment connue dès le Moyen Age ; Villon semble être le seul à parler de *parfont puis*; 150. Sardanapale, curieusement assimilé à Saturne, roi de Crète ; 151. Rois, II, 11-12 ; 152. Samuel, II, 13 ; 153. Saint Matthieu (XIV, 3-12) ; saint Marc (VI, 21-29) ; 154. On battait les condamnés avec des branches d'osier et de groseillier. L'expression de Villon semble suggérer qu'il était puni pour un autre.

Noel[155], le tiers, est*, qui fut la**,　　　　　　*ait **là
Mitaines a ces nopces telles.
Bien est eureux qui riens n'y a!

665　Mais que ce jeune bacheler
　　Laissast ces jeunes bacheletes?
　　Non! et le deust on vif brusler
　　Comme ung chevaucheur d'escouvetes*. **(80)**　*balais
　　Plus doulces luy sont que civetes* ;　　　　　*fourrure de
　　　　　　　　　　　　　　　　　　　　　　　civette
670　Mais toutesfoys fol s'y fya :
　　Soient* blanches**, soient* brunetes,　　　*dissyll. **blondes
　　Bien est eureux qui riens n'y a! **(81)**

LXV

　　Se celle[156] que jadis servoie
　　De si bon cuer et loyaument,
675　Dont tant de maulx et griefz j'avoie
　　Et* souffroie** tant de torment,　　　　　*et dont je **trisyll.
　　Se dit m'eust, au commencement,
　　Sa voulenté* (mais nennil, las!) **(82)**　　*volonté
　　J'eusse mis paine aucunement
680　De moy retraire de ses las*.　　　　　　　*lacs

LXVI

　　Quoy que je luy voulsisse dire,
　　Elle estoit preste d'escouter
　　Sans m'acorder* ne contredire ;　　　　　*approuver
　　Qui plus, me souffroit acouter*　　　　　*approcher
685　Joignant* d'elle, pres s'acouter**,　　　*tout auprès
　　　　　　　　　　　　　　　　　　　　　　**lui parler de
　　　　　　　　　　　　　　　　　　　　　　bouche à oreille
　　Et ainsi m'aloit amusant,
　　Et me souffroit tout raconter ;
　　Mais ce n'estoit qu'en m'abusant.

LXVII

　　Abusé m'a et fait entendre
690　Tousjours d'ung que ce fust ung aultre,
　　De farine que ce fust cendre,
　　D'ung mortier ung chappeau de faultre*,　　*feutre
　　De viel machefer que fust peaultre*,　　　*étain
　　D'ambesars* que ce fussent ternes**,　　　*deux as **les deux
　　　　　　　　　　　　　　　　　　　　　　trois

Notes 155 et 156, v. p. 87.

Commentaire philologique, grammatical et stylistique.

Vers 662. — *Est.* « Dieu en est l'âme », dit Alain Chartier dans *la Belle Dame sans mercy* en parlant d'une défunte. Entendre = *ait*.

Vers 666. — *Laissast.* Savant subjonctif de protestation. Tour énergique : la supposition envisagée est inadmissible.
— *Bacheletes.* Effet de surprise énorme. A cette époque, et pour longtemps encore, le baccalauréat est réservé aux jeunes gens. Cette excellente création verbale est bien dans le ton de l'ensemble.

Vers 667. — *Et le deust on.* Savante conditionnelle concessive, fréquente chez Villon, qui la fait toujours précéder de *et* (= même).

Vers 670. — *Toutesfoys,* très proche encore de son étymologie (« toutes voies » = « quelque chemin qu'il prît »), ne fait pas pléonasme avec *mais.* Il prépare et englobe en même temps les éventualités du vers suivant.
— *Fol s'y fya.* Ce n'est pas un prétérit gnomique. Les vers 711-712 indiquent qu'il s'agit uniquement de notre « jeune bachelier ».

Vers 671. — *Blanches.* Villon, comme tout le Moyen Age, distingue mal « blanc » de « blond ». Au vers 1476, il est impossible de savoir exactement s'il s'agit de la chevelure ou de la carnation de dame Sidoine.

Vers 675-676. — 675 : complément + verbe ; 676 : verbe + complément. Observer le chiasme, tour recherché.

Vers 677. — *Se dit m'eust :* reprise passionnée de *se.*

Vers 678. — *Voulenté* signifie non pas comme alors souvent « cœur » et « sentiments », mais « dessein mûrement réfléchi », d'où la vivacité de la parenthèse.

Vers 683. — *Sans.* La syntaxe de ce mot est toujours moderne dans le *Testament.* Ne pas entendre « sans dire ni oui ni non », ce qui serait d'une singulière maladresse de la part d'une aussi grande actrice que la « fillette », mais qu'elle buvait ses paroles, sans avoir la force de répondre. Le vers est un simple commentaire du vers précédent : technique dramatique éprouvée (à cet égard, voir *Polyeucte,* v. 1336-1337).

Vers 685. — *Joignant de.* Fréquent pour « auprès de ». Villon évite la répétition, et ménage de la sorte une gradation avec « près ».

Vers 686. — *Aloit m'amusant.* Joli tour progressif, unique chez notre poète.

Vers 688. — *En m'abusant.* Le mot va revenir deux fois à des places remarquables (v. 689 et 705) : Villon ne doit ses échecs amoureux qu'à la perfidie, « au barat » et à la « finesse » de la Femme.

---

155. *Katherine de Vausselles,* souvent identifiée à Rose et à Denise, serait entrée fort tôt dans la vie de Villon et serait la cruelle maîtresse du début du *Lais.* Vausselles peut fort bien n'être qu'un patronyme de fantaisie un peu équivoque, et choisi entre autres pour taquiner Pierre du Vaucel, chanoine de Saint-Benoît-le-Bétourné. *Noel* Jolis était le « tiers » de Villon, c'est-à-dire le compagnon chargé du guet pendant l'entrevue de Catherine et de Villon ; le poète paya fort cher l'étourderie du veilleur ; **156.** Sans doute, mais rien ne le dit expressément, Catherine de Vaucelles.

--- **QUESTIONS** ---

80. Précisez l'allusion.

81. Faites apparaître le caractère exceptionnel du ton des vers 625 à 672.

82. Précisez le ton de la parenthèse. Où trouver selon vous la sincérité du poète ?

695 (Tousjours trompeur autruy angaultre*   *enjôle
    Et rent vecies* pour lanternes),   *vessies

LXVIII

    Du ciel une poille* d'arain,   *poêle
    Des nues* une peau de veau,   *dissyll.
    Du main* que c'estoit serain**,   *matin **soir
700 D'ung trongnon de chou ung naveau,
    D'orde* cervoise vin nouveau,   *affreuse
    D'une truie* ung molin a vent   *catapulte
    Et d'une hart ung escheveau,
    D'ung gras abbé ung poursuyvant*.   *jeune officier

LXIX

705 Ainsi m'ont Amours abusé
    Et pourmené de l'uys au pesle*.   *pène, verrou
    Je croy qu'homme n'est si rusé,
    Fust fin comme argent de coepelle*,   *coupelle
    Qui n'y laissast linge, drappelle*,   *vêtements
710 Mais qu'il* fust ainsi manyé**   *pour peu que **joué
    Comme moy, qui partout m'appelle*   *ai reçu le nom
    L'amant remys* et regnyé. **(83)**   *repoussé

LXX

    Je regnie* Amours et despite**   *renie **brave
    Et deffie a feu et a sang.
715 Mort par elles* me precipite,   *= Amours
    Et ne leur en chault* pas d'ung blanc.   *chaut
    Ma vïelle ay mys soubz le banc ;
    Amans, je ne suyvray jamais :
    Se jadis je fus de leur ranc*,   *troupe
720 Je desclare que n'en suis mais.

LXXI

    Car j'ay mys le plumail* au vent,   *jeté mon panache
    Or le suyve qui a attente*.   *quelque espérance
    De ce me tais doresnavant,
    Car poursuivre vueil mon entente.
725 Et s'aucun m'interroge ou tente*   *sonde pour savoir
    Comment d'Amours j'ose mesdire,
    Ceste parolle le contente :
    « Qui meurt, a ses loix* de tout dire. » **(84)**   *le droit

Commentaire philologique, grammatical et stylistique.

Page 88.

Vers 710. — *Manyé.* Le mot renvoie au vers 658. Mais la rossée ne fut que l'épisode final : Villon fut d'abord *pourmené de l'uys au pesle;* plus vivement il a pu évoquer les allées et venues d'une balle entre le mur et la raquette (v. 617-618), et le mot signifie en même temps « pelaudé » et surtout « peloté », car seul le jeu de pelote finit par étourdir un homme ; perdre ses habits sous les coups, ou avant, ou les conserver reste en effet, somme toute, affaire de vigueur ou de souplesse physique. On n'est pas très loin des transes de Marot aux mains de ses trois médecins :

> Bientôt après cette fortune-là
> Une autre pire encore se mêla
> De *m'assaillir,* et chacun jour *m'assaut*
> Me menaçant de me donner le *saut,*
> Et de *ce saut* m'envoyer *à l'envers...*

« Manier » aura encore ce sens « sportif » dans Pascal (*Pensées,* 140).

Vers 711. — *Qui partout m'appelle.* Valeur passive : c'est le « mal renommé Villon ». Un homme qui meurt (v. 728) ne peut avoir le loisir d'aller à tous les échos se donner tel ou tel nom.

Vers 713. — *Je regnie.* La reprise du mot final, grâce à un changement de voix, est beaucoup plus vigoureuse qu'entre les couplets LXVI et LXVII. C'est que le poète a revécu les scènes perfides, et amèrement remâché la somme de ses naïvetés. Le ton, qui va rester très vif, très agressif (v. 714, et *mys,* v. 717 et 721, qui signifie « jeté »), est celui de l'abjuration. Toute proportion gardée, les vers 625-728 ont le même mouvement que la *Nuit d'octobre,* qui se termine cependant sur une note sereine.

Vers 718-722. — *Suivre* est un mot clef de Villon. Il renvoie au vers 226 : Villon est de l'étoffe de ceux qui suivent, et ici qui boudent, plus qu'ils ne désertent ; il ne sera jamais de ceux qui mènent, ou qui du moins luttent, comme la Belle Heaulmière.

Page 90.

Vers 729. — Observer l'infinitif. Villon dit toujours *seuf,* Charles d'Orléans dit *soif.*

Vers 732-733. — On voit ce que Villon suggère. La métaphore populaire était-elle déjà « littéraire » ? Toujours est-il que Villon a soin de la préparer.

Vers 735. — *Voix et le ton.* Observer la dissymétrie de l'expression.

Vers 736. — *Et.* Sens antithétique.

───── **QUESTIONS** ─────

83. Rapprochez les vers 681-712 des vers 2004-2011. Pariez-vous pour la sincérité? Comment expliquez-vous la fantaisie des couplets LXVII et LXVIII?

Étudiez la force et la valeur des allitérations au vers 712. Vous en chercherez d'autres exemples typiques. S'agit-il de rhétorique ou de passion?

84. A quel genre rattachez-vous cette abjuration amoureuse (v. 713-728)?

LXXII

Je congnois approcher ma seuf* ;   *soif
730 Je crache, blanc comme coton,
Jacoppins gros comme ung esteuf*.   *éteuf
Qu'esse a dire? que Jehanneton
Plus ne me tient pour valeton*,   *jeune chevalier
Mais pour ung viel usé roquart* :   *vieux cheval
735 De viel porte voix et le ton,
Et ne suys qu'ung jeune coquart*. (85)   *dadais

[Le traitement que lui a infligé l'évêque d'Orléans n'a pas arrangé
les choses : Villon formule à son égard quelques souhaits bien sentis,
et n'a garde d'oublier les principaux chefs des « services » épiscopaux.
Mais l'heure presse : il faut léguer à chacun sa part, sans rien révo-
quer du *Lais* de 1456, et au besoin Villon complète les lots antérieurs.
A Frémin, son clerc, de se préparer à écrire, et d'assurer à l'acte toute
la publicité requise, si toutefois le sommeil ne l'empêche pas d'entendre...]

[. . . . . .]
Et vecy le commancement.

OU NOM DE DIEU, PERE ETERNEL...

LXXX

Ou nom de Dieu, Pere eternel,
Et du Filz que vierge parit*,   *enfanta
795 Dieu au Pere coeternel,
Ensemble et le Saint Esperit,
Qui sauva ce qu'Adam perit*   *fit périr
Et du pery* pare les cieulx...   *de cette perte

[Sur ce pieux signe de croix (v. 793-800), Villon commente la para-
bole du Mauvais Riche et du « ladre » Lazare (*Luc*, 16). C'est pour lui
l'occasion de quelques boutades sur le bonheur des justes, puis sur le
supplice éternel des damnés, punis pour avoir trop aimé la boisson
durant leur vie terrestre.

——————— QUESTIONS ———————

85. En quoi consiste la préparation (v. 729)? Ne porte-t-elle pas en soi, vu sa
signification, un blasphème d'une rare audace? Comparez d'autre part avec le
vers 449. En quel sens ces éclairs projettent-ils une nouvelle lumière sur le clerc
Villon?

En réalité, cet « incident » a une tout autre raison d'être : si le « Povre Villon » s'en prend au Mauvais Riche, c'est qu'il est lui-même le Pauvre Lazare, à qui il ressemble à tant d'égards. Autant dire que l'examen de conscience est maintenant révolu : doublement martyr, et par Thibaut d'Aussigny et par sa cruelle maîtresse, il n'est pas si « imparfait » que cela, il est sauvé! Ce sont les autres qui sont « dampnez », et le poète va les mettre dans son enfer.]

LXXXV

Premier, je donne ma povre ame
A la benoiste Trinité[157],
835 Et la commande* a Nostre Dame,   *recommande
Chambre* de la divinité[158],   *séjour
Priant toute la charité
Des dignes neuf Ordres[159] des cieulx
Que par eulx soit ce don porté
840 Devant le Trosne precieux.

LXXXVI

Item, mon corps j'ordonne et laisse
A nostre grant* mere la terre ;   *grand-
Les vers n'y trouveront grant gresse,
Trop luy a fait faim* dure guerre.   *la faim lui a livré
845 Or luy soit delivré* grant erre**:   *livré **à vive allure
De terre vint, en terre tourne* ;   *retourne
Toute chose, se par trop n'erre*,   *ne s'égare
Voulentiers en son lieu retourne*. (86)   *retourne (et
                                                              tourne!)

LXXXVII

Item, et a mon plus que pere,
850 Maistre Guillaume de Villon,
Qui esté m'a plus doulx que mere
A enfant levé de maillon* :   *maillot
Degeté* m'a de maint bouillon**,   *retiré **mauvais cas
Et de cestuy pas ne s'esjoye*.   *s'éjouit

---

157. Discrète évocation de Saint-Benoît-le-Bétourné? Cette église était spécialement consacrée à la Trinité ; 158. La métaphore est déjà dans Rutebeuf (*les Neuf Joies de Notre Dame*, v. 73) ; 159. Séraphins, Chérubins, Trônes, Puissances, etc.

--- **QUESTIONS** ---

86. Faites apparaître le contraste des deux couplets LXXXV et LXXXVI.

855 Si luy requier a genouillon*   *à genoux
   Qu'il m'en laisse toute la joye.

LXXXVIII

   Je luy donne ma librairie*,   *bibliothèque
   Et le Rommant du Pet au Deable,
   Lequel maistre Guy Tabarie
860 Grossa*, qui est homs veritable.   *recopia
   Par cayers* est soubz une table ;   *cahiers
   Combien qu'il soit rudement fait,
   La matiere est si tres notable
   Qu'elle amende* tout le mesfait**. (87)   *rachète **tous les défauts

LXXXIX

865 Item, donne a ma povre* mere   *chère
   Pour saluer nostre Maistresse*,   *Notre-Dame
   (Qui pour moy ot douleur amere,
   Dieu le scet, et mainte tristesse*), *affliction
   Autre chastel* n'ay, ne fortresse**, *ville forte **citadelle
870 Ou me retraye* corps et ame,   *où je puisse me retirer (trisyll.)
   Quant sur moy court* malle destresse, *fond
   Ne ma mere, la povre femme! (88)

BALLADE[160]

BALLADE POUR PRIER NOSTRE DAME

   Dame du ciel, regente terrienne*,   *reine de la terre (trisyll.)
   Emperiere* des infernaux palus,   *impératrice
875 Recevez moy, vostre humble chrestienne,
   Que comprinse* soye entre vos esleus, *admise
   Ce non obstant qu'oncques rien ne valus.
   Les biens de vous*, ma Dame et ma Maistresse, *vos mérites
   Sont trop plus grans que ne suis pecheresse,
880 Sans lesquelz biens ame ne peut merir* *obtenir de mérites
   N'avoir les cieulx. Je n'en suis jangleresse[161]* : *menteresse
   En ceste foy je vueil vivre et mourir.

---

160. Ecrite, selon Marot, à la requête de la mère du poète ; 161. Les jongleurs et leurs compagnons avaient mauvaise réputation.

Commentaire philologique, grammatical et stylistique.

Page 91.

Vers 840. — *Precieux*. Terme mystique (la « mort précieuse » est la « bonne mort » des chrétiens). Il importe de rappeler que le terme est appliqué au corps de la Femme (v. 326), qui se trouve associé à la gloire de l'Assomption : Villon ne l'aurait-il vu qu'à travers les représentations de la Vierge? La profondeur et la pureté du chant de cette strophe montrent quelles étendues de candeur ont toujours survécu dans le poète en dépit de tous les « palus ».

Vers 842. — *Grant mère*, et non Grand Mère, notion païenne insupportable après le couplet précédent. « Embrasse ta grand-mère », disait-on encore dans mon enfance aux enfants que l'on faisait par jeu baiser la terre.

Vers 847. — *Erre* vient ici indifféremment de *erre* (= s'égarer) ou de *itere* (= cheminer).

Page 92.

Vers 856. — *Joye*. Il s'agit ici des affres de l'agonie. On appréciera la force de l'antiphrase.

Vers 874. — *Infernaux palus*. Aucune « réminiscence classique » ici, mais simple survivance obscure de légendes vieilles comme la nuit des temps, et rigoureusement populaires : la vieille femme parle des « infernaux palus » comme les Chouans de *Quatre-Vingt-Treize* ont nommé le plus terrible des leurs l' « Imanus ».

Vers 880. — *Merir*, absolument « obtenir (des mérites) », donne un sens parfaitement orthodoxe, mais la mère de Villon n'a rien d'une théologienne. Nous construisons : « ne peut mériter ni obtenir les cieux » ; vu la perfection de la justice divine, on ne saurait certes les mériter sans les obtenir, mais les approximations de la vieille femme n'en sont que plus « vraies ».

Vers 882. — *Foy*. Sens religieux et sens féodal s'accordent bien en l'honneur de Marie Médiatrice. Le sens religieux l'emporte de plus en plus au vers 892 et au vers 909, où il résume un « credo » rudimentaire. Au vers 902, il signifie plutôt « confiance ». L'idée du premier couplet est fort simple, mais l'expression en est assez compliquée : la « pauvre (= chère) mère » — c'est aussi une « pauvre femme » — est mal à l'aise dans le maniement des vérités élémentaires. Villon nous suggère ici une « Mère du poète » qui servira de modèle à beaucoup de « Mères du peintre ».

────── **QUESTIONS** ──────

87. En quoi le legs est-il particulièrement espiègle (v. 849-864)?

88. Il s'est trouvé un chercheur pour supposer que la mère du poète pourrait être la Cour des comptes. Est-ce aussi votre avis?

A vostre Filz dictes que je suis sienne ;
De luy soyent* mes pechiez abolus** ;   *dissyl. **effacés
885 Pardonnez moy* comme a l'Egipcienne[162]**,   *qu'il me pardonne
                                                  **quatre syll.
Ou comme il feist au clerc Theophilus[163]
Lequel par vous* fut quitte et absolus**,   *grâce à **absous
Combien qu'il eust au deable fait promesse.
Preservez moy de faire jamais ce,
890 Vierge portant, sans rompure* encourir,   *brisure
Le sacrement* qu'on celebre a la messe :   *l'enfant sacré
En ceste foy je vueil vivre et mourir.

Femme je suis povrette et ancïenne*,   *trisyll.
Qui riens ne sçay ; oncques lettre ne lus.
895 Au moustier voy dont suis paroissienne*   *trisyll.
Paradis paint, ou sont harpes et lus*,   *luths
Et ou enfer ou dampnez* sont boullus**   *damnés **bouillis
L'ung me fait paour*, l'autre joye et liesse.   *peur
La joye avoir me fay*, haulte Deesse,   *fais-moi
900 A qui pecheurs doivent tous recourir,
Comblez de foy*, sans fainte** ne paresse :   *toute confiante
En ceste foy je vueil vivre et mourir.   **feinte

Vous portastes, digne Vierge, princesse[164],
Iesus regnant qui n'a ne fin ne cesse.
905 Le Tout Puissant, prenant nostre foiblesse,
Laissa les cieulx et nous vint secourir,
Offrit a mort sa tres chiere jeunesse ;
Nostre Seigneur tel est, tel le confesse :
En ceste foy je vueil vivre et mourir. **(89)**

[A sa « chère Rose », il ne laissera cette fois « ne cuer ne foye », ni
un « escu », « car elle en a, sans moy, assez » ; il lui adresse une
ballade « qui se termine tout par R », son initiale (v. 910-969).] Cette
ballade contient quelques vers admirables :

. Faulse* beauté qui tant me couste chier,   *trompeuse
945 Rude en effect, ypocrite doulceur, [...]

---

162. Sainte Marie *l'Egyptienne* : femme de mauvaise vie, convertie par une vision à la
basilique du Saint-Sépulcre à Jérusalem, et qui vécut ensuite quarante-sept ans dans le désert
(IVe siècle) ; 163. Il s'agit du célèbre « miracle » de Théophile, de Gautier de Coincy, mis au
théâtre par Rutebeuf au XIIIe siècle ; 164. *Princesse* est rejeté à la fin du vers au lieu d'être mis
au début : ingénieuse hardiesse dans le respect d'une tradition.

Commentaire philologique, grammatical et stylistique.

Vers 885. — *Pardonne moy*. Troisième personne du subjonctif (« dites-lui qu'il me pardonne »). Une seconde personne de l'impératif singulier, du reste ici exceptionnelle, serait fausse en « théologie » : il y a des choses que la vieille femme sait. Mais trois « sources » sur cinq ont « Pardonnez ».

Vers 887. — *Par*. Nouveau flottement : il n'est pas sûr qu'il faille à tout prix entendre « grâce à » (voir v. 876 : *vos esleus*). La vieille femme semble portée à étendre les pouvoirs de la Vierge.

Vers 889. — *De jamais faire ce* était possible et moins rocailleux. Villon a-t-il adroitement choisi la rime la plus maladroite (et la plus riche)?

Vers 891. — *Sacrement*. Raccourci heureux : l'Eucharistie est avant tout, pour la vieille mère, le « Corps » de la Cène, qui a été le « Fruit des entrailles » de la Vierge. Elle ne croit pas si bien dire, et emploie un mot qui la dépasse. L'instinct maternel rejoint la vérité religieuse par un trait de génie du poète.

Vers 898. — *Paour, joye*. En un seul vers, toute la sensibilité religieuse du XVᵉ siècle.
— *L'ung*. Villon, pour son compte, écrit « l'un » *(Requeste à Mons. le duc de Bourbon)*.

QUESTIONS

89. Faites apparaître l'adresse et l'à-propos de cette ballade.
— A qui pense-t-on sans cesse sans pourtant cesser de voir la vieille mère?
— Villon ne révèle-t-il pas ici une nouvelle dimension de son sentiment religieux?

Cherme* felon, la mort d'un povre cœur,   *charme
Orgueil mussié* qui gens met au mourir, [...]   *caché

Ung temps viendra qui fera dessechier,
Jaunir, flestrir vostre espanyë* fleur ;   *épanouie
950 Je m'en risse, se tant* peusse maschier**   *seulement
**remuer la
mâchoire
Lors ; mais nennil, ce seroit donc foleur*.   *folie... d'essayer
Las, vieil seray ; vous, laide, sans couleur ; [...]

XCIV

970 Item, a maistre Ythier Marchant[165],
Auquel mon branc laissai jadis,
Donne, mais qu'il le mette en chant[166],
Ce lay contenant des vers dix,
Et, au luz, ung *De profundis*
975 Pour ses ancïennes amours
Desquelles le nom je ne dis,
Car il me hairoit* a tous jours**.   *haïrait (dissyll.)
**à jamais

LAY[167]

RONDEAU

Mort, j'appelle* de ta rigueur**,   *je fais appel
**cruauté
Qui m'as ma maistresse ravie,
980 Et n'es pas encore assouvie
Se tu ne me tiens en langueur :
Onc puis* n'eus force ne vigueur ;   *depuis
Mais que te nuysoit elle en vie,
                    Mort ?

985 Deux estions et n'avions qu'ung cuer ;
S'il est mort, force est que devie*,   *meure
Voire, ou que je vive sans vie
Comme les images*, par cuer,   *statues
                    Mort ! **(90)**

---

165. Voir *Lais*, vers 81 et la note 11 ; 166. Ythier devait chanter affreusement et tout ignorer
de la musique ; 167. Villon souhaite à son rival (?) de mourir martyr d'amour ou plutôt veuf
martyr ; au Ciel de lui rendre les peines d'amour qui ont, par sés soins, entraîné la mort de
Villon.

QUESTIONS

90. Dégagez la férocité du legs, aux vers 970-989.

[Villon se venge d'abord de ses amis de jadis ou de ses récentes connaissances qui, de près ou de loin, capables de jouer près de lui, par leur crédit ou leur bourse, le rôle d'un « autre Alixandre », l'ont abandonné ou précipité dans le guignon : cette intention est fort claire pour Jehan Cornu, la femme de Saint-Amant, G. Charruau, « son avocat », et Fournier, son procureur. Pour Denis Hesselin, elle est moins sensible ; quant à R. Turgis, propriétaire de la *Pomme de pin* et depuis longtemps créancier sans doute implacable du poète, mais aussi messager à pied de la justice du Trésor, son débiteur l'a naturellement associé dans son souvenir à ses légataires d'autrefois, Jaques Raguier, Merebeuf et Nicolas de Louviers, avant de lui céder, dit-il, « mon droit d'échevin » (v. 990-1057)...]

Que j'ay comme enfant de Paris[168] :
1060 Se je parle ung peu poictevin[169],
Ice* m'ont deux dames apris.   *ce dialecte

CIV

Elles sont tres belles et gentes*,   *gracieuses
Demourans a Saint Generou
Pres Saint Julien de Voventes[170],
1065 Marche de Bretaigne ou Poictou[171].
Mais i* ne di** proprement ou   *je **dis
Yquelles* passent tous les jours :   *celles-ci
M'arme*! i ne seu** mie si fou[172],   *sur mon âme **suis
Car i vueil celer mes amours[173]. (91)
[. . . . .]

[Un souvenir amène l'autre : Villon finit de régler son compte à un ancien policier (v. 1071-1077). L'occasion est bonne pour lui adjoindre un (ou deux) compère(s), la bête noire du poète, et deux gendarmes interlopes qui ont fini par basculer du côté de la force publique. Du coup l'expression se relève.]

---

168. Legs burlesques : l'éligibilité de Villon n'était pas cessible ; **169.** Entendre : « Si je m'entends à rouler les gens » ; **170.** Ces deux localités existent, mais il faut pour ainsi dire prononcer « Je ne souds (règle pas) vos ventes (mes achats) » ; **171.** Géographie imaginaire ; **172.** Le dialecte poitevin domine dans ce quatrain ; **173.** C'est une des allusions à la cachette où Villon écrivit le *Testament*.

─── **QUESTIONS** ───────

91. Persiflage et madrerie « paysanne » de Parisien : appréciez la réussite, et la rareté de l'exploit.

CVI

Item, et au Prince des Sotz
Pour ung bon sot* Michault du Four[174],
1080 Qui a la fois* dit de bons motz
Et chante bien « Ma doulce amour[175]! »
Je lui donne avec le bonjour ;
Brief, mais qu'il fust ung peu en point*,
Il est ung droit sot de sejour,
1085 Et est plaisant* ou il n'est point. (92)

*bonne « recrue »
*parfois

*pour peu qu'il
s'y mette

*Il n'est plaisant
qu'où...

CVII

Item, aux Unze Vingtz Sergens[176]
Donne, car leur fait est honneste
Et sont bonnes et doulces gens,
Denis Richier et Jehan Vallette[177]*,
1090 A chascun une grant cornete[178]
Pour prendre a leurs chappeaulx de faultres ;
J'entens a ceulx a pié[179], hohete*! (93)
Car je n'ay que faire des autres.

*dans la personne de...

*ô gué!

CVIII

De rechief donne a Perrenet,
1095 J'entens le Bastart de la Barre,
Pour ce qu'il est beau filz et net*,
En son escu, en lieu de barre,
Trois dez plombez*, de bonne carre**,

*noble et pur

*pipés **modèle

---

174. Sergent à verge du Châtelet ; il avait participé à l'enquête relative au vol du collège de Navarre ; **175.** Michault était procédurier et mauvais payeur : dans la seule année 1459, son nom revient en première place dans trois procès. Il était boucher de son métier ; à partir de 1459, on le trouve mêlé à des affaires de querelles et de rixes ; **176.** Sergents de la prévôté de Paris, formant deux compagnies de 110 hommes chacune ; **177.** Ces deux sergents sont à peu près inconnus ; c'étaient sans doute de rudes policiers ; **178.** Cette riche bande de taffetas ou de soie, alors enroulée autour du chapeau de façon à retomber sur l'épaule, n'était pas précisément de la tenue des sergents. Villon leur en offre une en guise de « cravate » ; **179.** Les sergents montés n'étaient affectés qu'à la police *extra muros* : ils n'inquiétaient guère un « enfant de Paris ».

 QUESTIONS

92. D'une façon générale, Villon connaît personnellement chaque policier un peu marquant avec une précision qui nous surprend. Comment une telle « familiarité » était-elle possible? Ne donne-t-elle pas une saveur particulière au *Testament*?

93. Ce vers est-il de Villon ou de... Scapin?

Et ung beau* joly jeu de cartes. **(94)**   *bien

1100 Mais quoy? s'on l'oyt vecir* ne poirre**,   *vesser **péter

En oultre aura les fievres quartes[180]. **(95)**

CIX

Item, ne vueil plus que Cholet[181]

Dolle*, tranche, douve** ne boise***   *dole **fonce
***travaille le bois

Relie* broc ne tonnelet,   *trisyll.

1105 Mais tous ses houstilz* changier voise**   *outils **aille

A* une espee** lyonnoise,   *contre **trisyll.

Et retiengne* le hutinet[182] ;   *ne garde que
**maillet

Combien qu'il n'ayme bruyt ne noise,

Si luy plaist il ung tantinet.

CX

1110 Item, je donne a Jehan le Lou[183],

Homme de bien et mon marchant,

Pour ce qu'il est linget et flou[184]*,   *mince et fluet

Et que Cholet est mal serchant*,   *mauvais chercheur

Ung beau petit chiennet couchant

1115 Qui ne laira* poullaille en voye,   *laissera

Ung long tabart et bien cachant

Pour les[185]* mussier, qu'on ne les* voye. **(96)**   *= ses prises

---

180. C'est proprement l'envoyer au diable. Villon en veut terriblement à ce sergent de la Douzaine du Roi au Châtelet ; il est possible qu'il soit apparenté à Pierre Marchand, curé de Patay, qui, le 17 mai 1457, fit arrêter l'un des coupables du vol du collège de Navarre. Ce Perrenet Marchand est le seul légataire du *Lais* qui soit littéralement harcelé par le *Testament*, fort exactement à trois reprises également féroces ; **181.** Voir *Lais*, vers 185 et note 36 ; **182.** Le personnage était tonnelier de son état. D'où le *hutinet* qu'on lui laisse, car le mot se trouve d'autre part diminutif de « tapage ». Avec l'épée de sa nouvelle fonction de sergent à verge au Châtelet, cela fera très bien de toute manière ; **183.** Voir *Lais*, vers 185 et note 36 ; **184.** Le personnage devait être obèse et court. C'était fort exactement un maraudeur et une mauvaise langue, ce qui lui valut un court séjour en prison en juin 1461 ; **185.** *Les :* les compères s'entendent à demi-mot, car on ne sait jamais.

QUESTIONS

94. Un tel vers doit-il se traduire ?

95. Un récent chercheur n'a pas craint d'écrire : « Quant au *Testament* proprement dit, sa valeur poétique est le plus souvent nulle. » A la lecture de ce couplet et de couplets similaires, qu'en pensez-vous ?

96. Les couplets CIX et CX correspondent au couplet XXIV du *Lais*. A votre avis, ce genre de reprises est-il en général heureux ? Si oui, pouvez-vous préciser à quelles conditions et dans quelle mesure ?

[Le mouvement est donné : Villon pourvoit maintenant l'Orfèvre de Bois. Si ce n'est pas le bourreau, c'est tout comme : certes, il n'unit pas ses victimes à ce que l'on appellera plus tard, sous la Terreur, la Veuve, mais il les fiance gentiment à la roue par exemple, ou au chevalet. Le poète lègue à ce personnage, ébéniste à ses heures, de quoi stimuler les ardeurs de ses singuliers clients (v. 1118-1125). Finale : Villon exècre tout ce qui touche à l'appareil policier, et ceux qui ont choisi de servir dans un régiment de parade en prennent pour leur grade au terme de ce crescendo.]

CXII

Au cappitaine Jehan Riou[186],
Tant pour luy que pour ses archiers,
Je donne six hures de lou*,   *loup
Qui n'est pas vïande a porchiers,
1130 Prinses a gros mastins de bouchiers,
Et cuites en vin de buffet[187].
Pour mengier de ces morceaulx chiers*,   *de choix
On en feroit bien ung malfait*.   *plus d'une folie

CXIII

C'est vïande ung peu plus pesante
1135 Que duvet n'est, plume, ne liege.
Elle est bonne a porter en tente,
Ou pour user en quelque siege.
S'ilz* estoient prins a un piege[188],   *= les loups
Que* ces mastins ne sceussent courre,   *parce que
1140 J'ordonne, moy qui suis son miege*,   *médecin
Que des peaulx, sur l'iver, se fourre. **(97)**   (et mégissier)

[Des amis félons de jadis aux « mauvais riches » de toute espèce il n'y a qu'un pas : d'accusation en accusation, la générosité du poète s'étend et s'amplifie d'un mouvement continu, encore élargi par endroits de commentaires.]

---

186. Capitaine des archers de la ville, sorte de régiment d'honneur et de parade, et en même temps pelletier-fourreur. L'effet comique est de même nature qu'à propos de Casin Cholet. Tout est fait pour rappeler à ce plastronneur la modestie de son état ; **187.** Mélange de lie et de marc de raisin ; quant à la viande de loup, elle est particulièrement infecte ; **188.** On ne fait pas une meute de « mâtins de boucher ».

97. Voici au contraire une nouvelle victime (v. 1126). Les *Lais* contiennent-ils beaucoup de « premières » de cette force ?

CXIV

Item, a Robinet Trascaille[189],
Qui en service (c'est bien fait*)   *il a raison
A pié ne va comme une caille[190],
1145 Mais sur roncin gras et reffait[191]*,   *refait
Je lui donne, de mon buffet,
Une jatte qu'emprunter n'ose ;
Si aura mesnage parfait :
Plus ne luy failloit* autre chose. (98)   *manquait

CXV

1150 Item, donne a Perrot Girart,
Barbier juré du Bourg la Royne[192],
Deux bacins et ung coquemart[193],   *au gain **prend
Puis qu'a gaignier* met** telle paine.   tant de
Des ans y a demie douzaine[194]
1155 Qu'en son hostel de cochons gras
M'apatella* une sepmaine,   *il me nourrit
Tesmoing l'abesse de Pourras[195]. (99)

CXVI

Item, aux Freres mendians,
Aux Devotes et aux Beguines[196],

---

189. On peut suivre l'ascension du personnage de 1454 à 1462, où il est secrétaire du roi ;
190. Il s'agit d' « une caille coiffée », comme on disait alors ; 191. Equivoque : se rapportant
au cavalier, ce serait une allusion à quelque étique maigreur, mais au « roncin » fort plébéien,
c'en serait une à l'avarice. Il se peut que ce soit tout cela à la fois. Casqué d'une jatte, ce
personnage préfigure curieusement don Quichotte, et Villon pousse la rosserie jusqu'à couronner le tout par un jeu de mots, car « mesnage » (v. 1148) signifie aussi « manège » ;
192. N'est pas autrement connu ; 193. Ce sont les instruments de la profession : legs du reste
équivoque ; 194. « Voyage » consécutif au vol du collège de Navarre ; 195. Huguette du
Hamel, abbesse de Pourras depuis 1454 (ou 1455?). C'est en 1463 seulement qu'elle fut
dépossédée en raison de la liberté de ses mœurs. Pourras évoque proprement la « renoncule
scélérate », ou « grenouillette d'eau », si fréquente dans les endroits humides ou marécageux,
mais dès le XIIIᵉ siècle on disait en latin, sur une fausse étymologie, *Portus Regius*, qui nous
est définitivement revenu sous la forme de « Port-Royal » ; 196. Les legs collectifs vont
devenir de plus en plus nombreux.

QUESTIONS

---

98. Il s'agit de ce que nous appellerions un fonctionnaire civil. Sachant qu'il
habitait l'*omme arme*, coiffé d'un « bassinet », essayez de montrer comment
Villon compose une silhouette inoubliable.

99. Vous apprécierez la saveur des noms propres dans Villon, et montrerez
comment celui du vers 1157, *l'abesse de Pourras*, achève de créer une capiteuse
atmosphère de kermesse privée.

1160 Tant de Paris que d'Orleans,
 Tant Turlupins que Turlupines[197],
 De grasses souppes jacoppines
 Et flans leur fais oblacion* ;   *pieuse offrande
 Et puis après, soubz ces courtines,
1165 Parler de contemplacion. (100)

[La bile de Villon s'est terriblement échauffée : au début, les
anciens légataires pouvaient se trouver mécontents du second lot qui
leur tombait, mais Villon, bouleversant même la grammaire, revient à
la charge, et le lot des « Mendiants » est finalement odieux et sans
commune mesure avec l'allusion très mesurée et même très fugace qui
couronnait le couplet qu'il leur consacrait dans le *Lais* (v. 1166-1173).
Mais il faut quand même savoir ne pas aller trop loin.]

CXVIII

 Quoy que maistre Jehan de Poullieu[198]
1175 En voulsist dire *et reliqua*[199]*,   *etc.
 Contraint et en publique lieu,
 Honteusement s'en revoqua[200]*.   *se rétracta
 Maistre Jehan de Mehun s'en moqua ;
 De leur façon si fist Mathieu[201] ;
1180 Mais on doit honnorer ce qu'a
 Honnoré l'Eglise de Dieu. (101)

CXIX

 Si me soubmectz, leur serviteur
 En tout ce que puis faire et dire,
 A les honnorer de bon cuer
1185 Et obeïr, sans contredire ;

---

197. Terrible accusation : les Turlupins sont bel et bien les Picards (v. 37) ; Villon se sauve,
certes, mais que de clercs se perdent ! Les *souppes jacoppines* sont un succulent et substantiel
« potage » au sens où on l'entendait au XVIIe siècle ; **198.** Docteur de l'Université de Paris, et
prédicateur dont les propositions furent condamnées en 1321 par le pape Jean XII ; **199.** *Et
reliqua* fait allusion à la diversité et à l'abondance des œuvres de J. de Poullieu ; **200.** Par
exemple, aux vers 11436 et suivants du *Roman de la Rose* ; **201.** Matheolus, auteur du *Livre
des lamentations.*

QUESTIONS

100. Etudiez le mélange du vocabulaire sensuel et du vocabulaire mystique.
En connaissez-vous d'autres exemples ?

101. Comparez, pour le ton, les vers 1180-1181 avec la morale du *Rat qui s'est
retiré du monde* (La Fontaine, 1678).

L'homme bien fol est d'en mesdire,
Car, soit a part* ou en preschier**
Ou ailleurs, il ne fault pas dire,
Ces gens sont pour eux revenchier. **(102)**

*en privé **en chaire

[Quand ils ne sont pas, comme frère Baude, un de ces carmes égratignés dans le LAIS, une simple incarnation du démon (v. 1190-1197). Les légataires suivants sont tous entièrement nouveaux : ce sont des gens de loi, clercs ou laïcs, de la Cour des comptes, de l'officialité ou du parlement, dont Villon a eu à se plaindre ou qu'il invite à bien châtier ceux qui lui ont jadis cherché noise...]

CXXI

Item, pour ce que le Scelleur[202]
Maint estront* de mouche** a maschié***,   *étron **mouche à miel ***(= malaxé)
1200 Donne, car homme est de valeur,
Son seau d'avantage* crachié**,   *d'avance **tout léché
Et qu'il ait le poulce escachié*,   *écaché
Pour tout empreindre a une voye* ;   *d'un seul coup
J'entens celuy de l'Eveschié*,   *le Scelleur
1205 Car les autres[203], Dieu les pourvoye !

CXXII

Quant des auditeurs[204] messeigneurs,
Leur granche* ilz auront lambroissee** ;   *grange **lambrissée
Et ceulx qui ont les culz rongneux,
Chascun une chaire* percee ;   *chaise
1210 Mais qu'a la petite Macee[205]
D'Orleans, qui ot ma sainture[206]*,   *ceinture

---

202. Richard de la Palu. C'est déjà un « rond-de-cuir » que ce scelleur de l'officialité, indirectement mêlé aux ennuis de Villon ; 203. Il s'agit des « scelleurs » du Châtelet ; 204. Auditeurs de la Chambre des comptes, chargée des dépenses de la Maison du roi ; leur chambre ouvrait sur la cour du Palais de Justice : c'était une vraie grange ; 205. Lieutenant du bailli de Berry au siège d'Issoudun ; c'était un spécialiste de l'exaction : en 1460-1461, il y perdit et retrouva sa charge. Il serait surprenant que le féminin « Macée », pour « Macé », ne fût qu'une servitude de la rime ; 206. Avec la bourse : allusion perfide, qui assimile Macé au bourreau, à qui revenait de droit la ceinture du supplicié et tout ce qui était au-dessous, le reste revenant au geôlier.

■ QUESTIONS ■

102. Etudiez le curieux mélange de crainte et d'indépendance. A cet égard, Villon préfigure l'attitude qui sera un jour celle des solitaires de Port-Royal. Pouvez-vous retrouver dans ces vers une très lointaine promesse de certains passages bien connus des *Pensées*?

L'amende soit bien hault tauxee* :
Elle* est une mauvaise ordure[207].

*taxée
*c' (la petite Macée)

CXXIII

Item, donne a maistre Françoys,
1215 Promoteur[208], de la Vacquerie
Ung hault gorgerin d'Escossoys,
Toutesfois sans orfaverie ;
Car, quant receut chevallerie,
Il maugrea* Dieu et saint George

*blasphéma

1220 (Parler n'en oit qui ne s'en rie)
Comme enragié, a plaine gorge.

CXXIV

Item, a maistre Jehan Laurens[209],
Qui a les povres yeulx si rouges
Pour le pechié de ses parens
1225 Qui burent en barilz[210] et courges*,

*gourdes

Je donne l'envers* de mes bouges**

*doublure **valises

Pour tous les matins les torchier ;
S'il fust arcevesque de Bourges[211],
Du sendail* eust, mais il est chier.

*cendal

CXXV

1230 Item, a maistre Jehan Cotart,
Mon procureur en court d'Eglise,
Devoye* environ ung patart**,

*devais **= liard

(Car a present bien m'en advise[212],)
Quant chicaner me feist* Denise,

*fit poursuivre

---

207. Sarcasme « préparé » par les vers 1199, 1208 et 1209 ; **208.** Sorte d'avocat général à l'officialité, ou *promoteur*, ce personnage ouvre le trio de la « cour d'Eglise ». Le coup qu'il reçut tenant lieu d'accolade, il fut en même temps chevalier et renégat. Pour le pendre comme il mérite, on lui passera au col un *gorgerin sans orfaverie*, analogue à la « cornette » du vers 1090, et que l'on ira prendre, pour que justice soit mieux faite, à un Écossais de la garde du roi de France, autrement dit à un vrai chevalier. Les vers 1212 et 1216 assurent la continuité des legs ; **209.** Type de l'ivrogne souffrant, ou plutôt du fils souffreteux de parents ivrognes : un damné de plus, car le « linge » offert par Villon pour la toilette oculaire ne pourra qu'envenimer le mal si courant, croyait-on, chez ses pareils. L'homme avait interrogé Guy Tabarie lors de la découverte de l'affaire du collège de Navarre ; **210.** Récipients en métal précieux, richement ornementés, aiguières (qui ne contenaient pas toujours de l'eau) ou simples vases à boire ; **211.** Le jeu des rimes féminines vient tout droit d'une ballade d'Eustache Deschamps consacrée au portrait d'un vieux prêtre ; **212.** C'était à l'officialité l'avocat de la défense, chargé, face au promoteur, de présenter et de soutenir les dossiers des clercs délinquants. A en juger par le montant de la dette, le procureur dut être au-dessous de sa tâche.

1235 Disant que l'avoye mauldite* ;   *noircie
     Pour son ame, qu'es cieulx soit mise,
     Ceste oroison j'ai cy escripte. **(103)**

BALLADE

BALLADE ET OROISON

     Pere Noé[213], qui plantastes la vigne,
     Vous aussi, Loth, qui beustes* ou rochier[214]** [...]   *bûtes
                                                                **rocher
     Archetriclin[215], qui bien sceustes cest art,
     Tous trois vous pry qu'o* vous vueillez perchier**   *avec
                                                            **hisser
1245 L'ame du bon feu maistre Jehan Cotart !

     Jadis extraict il fut de vostre ligne*,   *lignée
     Luy qui buvoit du meilleur et plus chier[216],
     Et ne deust il avoir vaillant ung pigne[217]* ;   *peigne
     Certes, sur tous, c'estoit ung bon archier[218] ;
1250 On ne luy sceut pot des mains arrachier ;
     De bien boire ne fut oncques fetart[219].
     Nobles seigneurs, ne souffrez empeschier*   *que l'on
                                                           empêche
     L'ame du bon feu maistre Jehan Cotart[220] !   d'entrer

     Comme homme beu* qui chancelle et trepigne   *saoul
1255 L'ay veu souvent, quant il s'alloit couchier,
     Et une fois il se feist une bigne*,   *une bosse
     Bien m'en souvient, a l'estal d'ung bouchier ;
     Brief, on n'eust sceu en ce monde serchier
     Meilleur pyon*, pour boire tost et tart.   *buveur
1260 Faictes entrer quant vous orrez* huchier**   *entendrez
     L'ame du bon feu maistre Jehan Cotart !   **appeler

---

213. J. Cotart est le type de l'ivrogne triomphant : une sorte de trinité sera constituée pour le recevoir au ciel. Sur Noé, voir Genèse, IX, 20-21 ; 214. « Qui bûtes dans la caverne » (Genèse, XIX, 30-35) ; 215. *Archetriclin* : nom commun, décalqué du grec, pour « maître d'hôtel ». Ce nom fut pris au Moyen Age pour le nom propre de l'époux, dans le récit des noces de Cana (saint Jean, II, 9) ; 216. J. Cotart avait du goût, un peu comme on a la grâce ; 217. Il poussait l'amour du vin jusqu'au sacrifice ; 218. C'était un vrai soldat, et le *pot* était son étendard ; 219. Il était dévoré de zèle ; 220. C'était un martyr du vin, et son purgatoire est tout fait. Son âme ne doit pas rester plus longtemps en peine, encore toute alourdie de vapeurs de vin. Villon pratiquera jusqu'au bout l'imitation de Jean Cotart (v. 2020-2023).

━━━ QUESTIONS ━━━

103. Faites apparaître le fini de la transition constituée par ce couplet.

Prince, il n'eust sceu jusqu'a terre crachier ;
Tousjours crioit : « Haro! la gorge m'art*. »   *me brûle
Et si ne sceust oncq sa seuf estanchier*   *étancher
1265 L'ame du bon feu maistre Jehan Cotart. **(104)**

Villon cependant n'en avait pas fini avec les « mauvais riches » : il
sert d'abord le « jeune Merle », et double la ration de ses « trois
povres orphelins » et de « ses povres clergeons » :

[. . . . .]

CXXVII

Item, j'ay sceu en ce* voyage²²¹   *pendant mon
1275 Que mes trois povres orphelins²²²
Sont creus* et deviennent en aage   *ont grandi
Et n'ont pas testes de belin*,   *moutons
Et qu'enfans d'icy a Salins²²³
N'a mieulx sachans leur tour d'escolle*.   *leçon
1280 Or, par l'ordre des Mathelins²²⁴!
Telle jeunesse n'est pas folle.

CXXVIII

Si vueil qu'ilz voisent a l'estude ;
Ou? sur maistre Pierre Richier²²⁵.
Le Donat²²⁶ est pour eulx trop rude :
1285 Ja ne les y vueil empeschier,
Ilz sauront, je l'ayme plus chier*,   *j'aime mieux cela
*Ave salus, tibi decus*²²⁷,

---

221. Ce voyage est le séjour que Villon a fait en province, depuis son « partement » pour
Angers (vers la Noël 1456) jusqu'à son tout récent retour. Rappelons que le *Testament* a été
écrit on ne sait où dans le voisinage de Paris ; voir par exemple au vers 2007 une allusion à
cette retraite ; 222. Voir *Lais*, XXV et XXVI ; 223. Allusion aux spéculations sur le sel qui
avaient enrichi ces « orphelins » ; 224. Ou mathurins, encore appelés trinitaires. Ils soignaient
les fous ; 225. *Maître Pierre Richier*, maître en théologie, tenait une école réputée. Villon fait
un jeu de mots sur son nom : Richier, riche ; 226. Il s'agit de la grammaire, *De octo partibus
orationis*, d'Aelius Donatus, grammairien latin du IVᵉ siècle apr. J.-C. Elle était très pratiquée
au Moyen Age. Jeu de mots sur Donat et donner (action « trop rude » pour ces usuriers) ;
227. Mots latins, empruntés à une hymne à la Vierge, et formant un jeu de mots. Le *salut* d'or
et les *écus* sont des monnaies du temps. Comprendre : « Ave, salut, à toi l'honneur ».

QUESTIONS

104. Examinez les emprunts à la Bible. Imaginez l'allure du personnage de
Maistre Jean Cotart dans les vers 1254-1265.

Sans plus grans lettres enserchier* :   *chercher à connaître
Tousjours n'ont pas clers l'au dessus*.   *le dessus

CXXIX

1290 Cecy estudient, et ho!
Plus proceder* je leur deffens.   *aller plus loin
Quant d'entendre le grant *Credo*[228],
Trop forte elle* est pour telz enfans.   *cette étude
Mon long tabart en deux je fens ;
1295 Si vueil que la moitié s'en vende[229]
Pour leur en acheter des flans[230],
Car jeunesse est ung peu friande.

CXXX

Et vueil qu'ilz soient informez*   *formés aux bonnes
En meurs, quoy que couste bature* ;   mœurs
                                            *il puisse coûter
1300 Chaperons auront enformez*   de verges
Et les poulces sur la sainture,   *hauts
Humbles a toute creature,
Disans : « Han? Quoy? Il n'en est rien[231]! »
Si diront gens, par adventure :
1305 « Vecy enfans de lieu de bien! » **(105)**

CXXXI

Item, et mes povres clerjons[232],
Auxquelz mes tiltres resigné* :   *résignai
Beaulx enfans et droiz comme jons
Les voyant, m'en dessaisiné*,   *je m'en désaisis
1310 Cens recevoir leur assigné*,   *assignai

---

228. Il s'agit littéralement non du symbole des Apôtres, mais du symbole de Nicée. Après tant d'autres (voir Rutebeuf, dans la *Povreté Rutebeuf*), Villon fait un jeu de mots sur *Credo*, premier mot d'une prière, désignant d'autre part le crédit à longue échéance que ces usuriers sont incapables de pratiquer ; 229. Geste généreux, à l'imitation de saint Martin, mais ironique, car ces richissimes usuriers ne sont pas des mendiants ; cf. le *Lais*, strophe xxv ; 230. Jeu de mots sur *flan*, pâtisserie, et le disque de métal destiné à la frappe, dans la fabrication des pièces de monnaie ; 231. Entendre : « Hein? quoi? je ne vous dois rien! » ; 232. Voir *Lais*, xxvii.

QUESTIONS

105. Comparez les couplets cxxvii-cxxx avec le *Lais* (v. 193-208).
Le calembour scolaire dans Villon d'après ce passage. Sommes-nous en face d'un crayon ou d'un portrait? Villon, Régnier, Molière?

Seur comme qui l'auroit en paulme,
A ung certain* jour consigné**,
Sur l'ostel de Gueuldry Guillaume.

*fixe **en vertu d'un
arrêt de juge

CXXXII

Quoy que jeunes et esbatans*
1315 Soient*, en riens ne me desplaist :
Dedens trente ans ou quarante ans
Bien autres seront, se Dieu plaist.
Il fait mal qui ne leur complaist ;
Ilz sont tres beaulx enfans et gens ;
1320 Et qui les bat ne fiert, fol est,
Car enfans si deviennent gens*.

*turbulents

*dissyll.

*des hommes

CXXXIII

Les bources des Dix et Huit Clers[233]
Auront ; je m'y vueil travaillier :
Pas ilz ne dorment comme loirs[234]
1325 Qui trois mois sont sans resveillier.
Au fort, triste est le sommeillier
Qui fait aisier jeune en jeunesse
Tant qu'en fin lui faille veillier,
Quant reposer deust, en viellesse.

CXXXIV

1330 Si en escrips au collateur[235]
Lettres semblables et pareilles :
Or prient* pour leur bienfaicteur,
Ou qu'on leur tire les oreilles.
Aucunes gens ont grans merveilles
1335 Que tant m'encline vers* ces deux ;
Mais, foy que doy festes et veilles,
Oncques ne vy les meres d'eulx! (106)

*dissyll.

*je me penche sur

---

233. Dans les chambres de l'Hôtel-Dieu. Les bourses étaient à la collation du chapitre de Notre-Dame ; les Dix-Huit Clercs étaient spécialement chargés de la levée du corps. Villon cède moins à ses clergeons ce qu'ils ont déjà qu'il ne les recommande un peu d'avance aux bons offices des Dix-Huit ; **234.** En ce sens qu'ils dorment, eux, toute l'année ; **235.** Les biens de Villon vont devenir vacants. Le « collateur » va donc en saisir un autre clerc : on comprend que la recommandation de Villon ait sa raison d'être.

QUESTIONS

Questions 106, v. p. 109.

Bourgeois, hobereaux, chicanoux divers, tous démunis d' « esprit de pauvreté », sont saisis à leur tour : un fonctionnaire plus ou moins concussionnaire clôt la série. Il s'agissait de Pierre Basennier.

Villon célèbre diversement les mérites du « feu Prévost » de Paris, alors en disgrâce, et de son épouse. Ce grand de ce monde était un bienfaiteur du poète, si l'on considère la vénération avec laquelle il parle toujours de lui. Cela lui rappelle François Perdrier, qui lui fit en fin de compte tant de mal, sans doute avec sa langue : Villon lui lègue une ballade nettement « baroque » qui fait apparaître la continuité d'une inspiration entrevue dans l'invective « aux ennemis de la France » et que l'on retrouvera dans la *Louenge a la court*. Le poète remonte plus haut encore ; le voici à la fin de 1456, quand il projetait d'aller chercher fortune à la cour d'Angers. Ce furent successivement Andry Courault et son maître, le roi René, qui le « déboutèrent » : au procureur parisien de ce prince, Villon lègue une sorte de Mondain, pour son maître, un grand de la terre qui s'était avisé de célébrer les délices de la frugalité quasi primitive. Ce sont :

BALLADE

LES CONTREDIZ DE FRANC GONTIER

Sur mol duvet assis, ung gras[236] chanoine*,	*crevant de graisse
Lez ung brasier, en chambre bien natee*,	*nattée
1475 A son costé gisant dame Sidoine,	
Blanche, tendre, polie et attintee*,	*douce et bien attifée
Boire ypocras*, a jour et a nuytee,	*hypocras
Rire, jouer, mignonner et baisier,	
Et nu a nu, pour mieulx des corps s'aisier,	
1480 Les vy tous deux, par ung trou de mortaise :	
Lors je congneus que, pour dueil appaisier,	
Il n'est tresor que de vivre a son aise[237]. **(107)**	

---

236. Voir vers 704. On se trouve en face d'une épithète de nature, comme en témoigne souvent l'*Obesus Monachus* des danses macabres ; **237.** Voir E. Deschamps :

Car il n'est rien qui vaille franche vie.

Mais l'idée est tout autre, car, avec son idéal de vie libre, indépendante et simple, qu'il oppose à l'existence luxueuse, mais toujours inquiète et menacée, des « curiaux », ou courtisans, E. Deschamps n'est pas à vrai dire aux antipodes de Franc Gontier.

--- **QUESTIONS** ---

106. Rapprochez les vers 1306-1337 des vers 193-224 du *Lais* : orphelins et clergeons sont maintenant nettement distincts ; faites apparaître ce progrès de la netteté.

107. Montrez que nous sommes ici (v. 1473-1482) à l'apogée d'un art et d'une syntaxe.

Se Franc Gontier et sa compaigne Helaine
Eussent ceste doulce vie hantee*,   *goûtée
1485 D'oignons, civotz, qui causent forte alaine,   *frotteraient
N'aconçassent* une bise tostee**.   *une tranche de
                                                     pain grillé
Tout leur mathon*, ne toute leur potee, (108)   *lait caillé
Ne prise ung ail, je le dy sans noysier*.   *quereller
S'ilz se vantent couchier soubz le rosier,
1490 Lequel vault mieulx? Lict costoyé de chaise²³⁸?
Qu'en dites vous? Faut il a ce musier*? (109)   *perdre
                                                     son temps
Il n'est tresor que de vivre a son aise.   à en débattre

De gros pain bis vivent, d'orge, d'avoine, (110)
Et boivent eaue tout au long de l'anee.
1495 Tous les oyseaulx d'icy en Babiloine*   *Babylone (ou
                                                     Le Caire?)
A tel escot une seule journee
Ne me tendroient*, non** une matinee.   *retiendraient
                                                     **ni même
Or s'esbate, de par Dieu, Franc Gontier,
Helaine o luy, soubz le bel esglantier :
1500 Se bien leur est, cause n'ay qu'il me poise* ;   *qu'il me pèse
Mais, quoy que soit du laboureux mestier*, (111)   *du métier de
                                                     laboureur
Il n'est tresor que de vivre a son aise.

Prince, jugiez, pour tous nous accorder.
Quant est de moy, mais qu'a nul ne desplaise,
1505 Petit enfant, j'ay oÿ recorder* : (112)   *rappeler
Il n'est tresor que de vivre a son aise.

---

238. Ce vers n'est pas d'un homme à l'article de la mort : la fiction testamentaire est de plus
en plus abandonnée. Avec un sens dramatique très sûr, Villon suggère l'existence d'un public
ou du moins d'un interlocuteur. Voir, entre autres, les vers 1543, 1549, 1661, 1744 et 1768.

--- **QUESTIONS** ---

108. Ne saisit-on pas ici sur le vif le don de mimique qui porte si souvent
Villon à parler le langage même de ses « personnages » ?

109. A qui s'adresse le poète mourant ?

110. Etudiez dans ce vers l'effet produit par la ponctuation.

111. *Le laboureux métier* : regrettez-vous la disparition de cet adjectif ? Au
besoin, citez d'autres appauvrissements de ce genre, d'après l'œuvre de Villon.

112. Les « renseignements » biographiques sont-ils aussi rares dans Villon
que certains chercheurs récents l'ont déclaré ?

[Remontant plus haut encore, jusqu'au long épisode de la guerre du Pet au Diable (1451-1454), qui le prit au milieu de ses études et ne le lâcha plus, Villon retrouve la langue humaine, mais cette fois ce sont des langues de femmes, parfois sans grand écho, comme celle de Mlle de Bruyères, qui eut alors son heure de gloire, et celle de ses « paroissiennes », et les invincibles « becs » de Paris. Comme une symétrie certaine préside aux méandres en apparence si capricieux de l'inspiration, cette fois, la langue est « la meilleure des choses » (v. 1507-1542).]

CXLV

Regarde m'en deux, trois, assises
  Sur le bas du ply de leurs robes,
1545 En ces moustiers, en ces eglises ;
  Tire toy pres, et ne te hobes* ;
  Tu trouveras la que Macrobes[239]
  Oncques ne fist tels jugemens.
  Entens ; quelque chose en desrobes :
1550 Ce sont tous beaulx enseignemens[240]. **(113)**

*ne te trahis pas en faisant du bruit

Ainsi réapparaît la Femme représentée tour à tour par les nonnes de Montmartre, les « chambrières », les « povres filles », dont Ysabeau (v. 1580 ; laquelle? celle qui fut à l'origine de l'affaire Sermoise, et qui ne serait qu'un nom de plus de Catherine?) et la Grosse Margot, « assez dévote créature », sans oublier Marion la Dentue, dite Marion l'Idole et la « grant Jehanne de Bretagne », et, symboliquement égaré parmi tant de femmes, Noël Jolis, qui fut jadis témoin de la terrible humiliation infligée au poète par ordre (sait-on jamais?) de Catherine (v. 1551-1643).

La fiction testamentaire va sur sa fin : il est temps de penser aux œuvres de miséricorde. Villon songe aux malades, et incidemment à son barbier Colin Galerne, aux enfants trouvés (et perdus!) et aux aveugles des Quinze-Vingts :

---

239. Proconsul en Afrique et moraliste (IVe-Ve siècle apr. J.-C.). Auteur du *Commentaire du songe de Scipion* et des *Saturnales;* 240. Il se peut que Villon désapprouve médisances, commérages et grivoiseries, mais l'amateur de langage ressent assurément la plus vive admiration pour les trouvailles verbales. Il n'en reste pas moins que Villon reprend immédiatement ses distances (voir couplets LVII et CLIX). On retiendra la présence du mot « leçon » aux vers 561 et 1664.

QUESTIONS

113. A qui peut s'adresser le mystérieux tutoiement? Commentez cette « étude de femmes assises ».

CLIII

Item, ne sçay qu'a l'Ostel Dieu
1645 Donner, n'a povres hospitaulx ;
Bourdes* n'ont icy temps ne lieu, **(114)**   *plaisanteries
Car povres gens ont assez maulx[241].
Chascun leur envoye* leurs aulx** ;   *trisyll. **menus
Les Mendians ont eu mon oye* ;   restes
                                                 *oie
1650 Au fort, ilz en auront les os :
A menue gent menue monnoye.

CLIV

Item, je donne a mon barbier,
Qui se nomme Colin Galerne[242],
Pres voisin d'Angelot l'erbier*,   *herboriste
1655 Ung gros glasson* (prins ou? en Marne),   *glaçon
Affin qu'a son ayse s'yverne*.   *hiberne
De l'estomac le tiengne* pres,   *tienne
Se l'yver ainsi se gouverne*,   *conduise
Il aura chault* l'esté d'après. **(115)**   *chaud

CLV

1660 Item, riens aux Enfans Trouvez[243] ;
Mais les perdus faut que console.
Si doivent estre retrouvez,
Par droit, sur* Marion l'Idolle.   *chez
Une leçon de mon escole
1665 Leur liray, qui ne dure guere. **(116)**
Teste n'ayent* dure ne folle ;   *dissyll.
Escoutent! car c'est la derniere.

---

241. Villon prépare une rosserie ; 242. Barbier juré, marguillier à Saint-Germain-le-Vieux et lettré à ses heures, car on a, copiés de sa main, deux manuscrits de P. de Nesson. Galerne signifie aussi « vent froid de nord-ouest » ; 243. Asile ouvert par le chapitre de Notre-Dame, au bas du Port-Levesque.

───── **QUESTIONS** ─────

114. Villon caractérise ainsi (v. 1646) tout un aspect de son art (au v. 824, « bourde jus mise » est même l'équivalent exact de notre « blague à part »). Essayez de caractériser la « bourde » villonienne.

115. Villon souhaite-t-il à son barbier, selon vous, une bonne fièvre ou une bonne tombe bien chaude?

116. Les manuscrits hésitent entre « liray » et « lairay ». Justifiez cette hésitation.

La tour de Manassé (Meung-sur-Loire) où fut enfermé Villon.

BELLE LEÇON AUX ENFANTS PERDUS

CLVI

« Beaulx enfans, vous perdez la plus
Belle rose de vo* chappeau ; **(117)**   *votre
1670 Mes clers pres prenans* comme glus,   *raflant
Se vous allez a Montpipeau²⁴⁴
Ou a Rueil, gardez la* peau :   *attention à votre
Car, pour s'esbatre en ces deux lieux,
Cuidant que vaulsist le rappeau*,   *son appel
1675 Le* perdit Colin de Cayeux²⁴⁵. **(118)**   *La

CLVII

« Ce n'est pas ung jeu de trois mailles*,   *une bagatelle
Ou va* corps, et peut estre l'ame.   *il y a du...
                                                   et... de l'...
Qui pert, riens n'y sont* repentailles   *n'empêchent
Qu'on n'en meure a honte et diffame ;
1680 Et qui gaigne n'a pas a* femme   *pour
Dido la royne de Cartage.
L'homme est donc bien fol et infame
Qui, pour si peu, couche* tel gage.   *mise (la peau)

CLVIII

« Qu'ung chascun encore m'escoute !
1685 On dit, et il est verité,
Que charterie* se boit toute,   *réserve de vin
                                        (quatre syll.)
Au feu l'yver, au bois l'esté :
S'argent avez, il n'est enté*,   *argent n'est pas
                                         un arbre enté
Mais le despendez tost et viste.
1690 Qui en voyez vous herité*?   *héritier
Jamais mal acquest* ne prouffite²⁴⁶.   *mal acquis

---

244. Aller à Montpipeau, c'est voler en pipant ; à Rueil, c'est voler en renversant ou en tuant la victime ; **245.** L'appel réussira à Villon en 1463. Clerc comme Villon, Colin avait commis divers vols en 1450, 1452, 1455 et 1456. Arrêté dans une église, en violation du droit d'asile, par le prévôt de Senlis, il fut condamné par la justice séculière et, en dépit de son appel du 23 septembre 1460, pendu ; les autorités ecclésiastiques avaient en vain réclamé le clerc délinquant ; Colin de Cayeux avait au moins un patronyme picard, d'où les picardismes de ce couplet (« vo », « le »).

Note 246, v. p. 115.

Commentaire philologique, grammatical et stylistique.

Page 114.

Vers 1689. — *Mais.* Valeur affective d'impatience entre une phrase à l'indicatif et une phrase à l'impératif : « Où faut-il dépenser son argent? Mais où il va de lui-même. » La réponse est au refrain de la ballade suivante.

Vers 1690-1691. — Simple parenthèse : Villon élimine rapidement une objection avant de fournir le « bon conseil ».

Vers 1690. — *Hérité.* Ellipse hardie pour « avoir hérité ». Anticipation saisissante.

Vers 1691. — Ou bien les Enfants perdus n'ont pas d'héritiers, et leurs acquisitions ne profitent à personne ; ou ils en ont, d'une manière ou de l'autre, mais ce sont des gens qui ne les valent pas. Villon va leur indiquer un moyen de vivre à leur aise, tout en restant dans un milieu digne de leurs talents. Le proverbe final se dit, comme souvent à cette place, sur un ton d'ironie, sensible dès le premier couplet du *Lais*.

Page 116.

Vers 1708. — *Reculles* [...] *fauche.* Cas typique entre tous de la rime sur la conjugaison. Tous ces impératifs ont une valeur hypothétique. Strophe difficile, que nous entendons ainsi : « Libre à toi de nous laisser à nos affreux et lucratifs métiers! Mais dans le naïf sentier de la vertu, sans jamais un sou devant toi, tu n'auras pour toute richesse que la satisfaction du devoir accompli. Tu seras du côté de Franc Gontier! Tout au plus, beau trésor, auras-tu à t'en contenter. Il n'en sera pas de même si, métier pour métier, tu choisis, sans tomber dans des goûts sédentaires, celui du broyeur de chanvre ; toi aussi alors tu seras « du voyage ». »

Vers 1716. — Que l'on se rue en foule sur les tavernes! Villon n'a même pas le temps de saluer le Prince en tête de l'envoi de sa ballade.

Page 117.

Vers 1726. — *Recors.* Le français a perdu cet adjectif, qu'il n'a pas remplacé, et qui signifiait « qui se souvient de ».

---

246. La leçon de Villon est simple : « Epargnez vos jours, mais non votre argent! » dit-il aux enfants perdus. Son exemple est excellent : si l'argent était un arbre, il faudrait ne pas le couper, et pour cause, sous peine de sacrifier les récoltes suivantes ; mais ce n'en est pas un, prenez tout, il repoussera toujours dans la poche d'autrui. Si vous vous constituiez un pécule, pour qui serait-il? Assurément, pour des gens qui ne vous vaudraient pas, car bien mal acquis, comme le vôtre, ne saurait bien tourner. Mais c'est à vous-mêmes qu'il pourrait nuire (v. 1718) à terme. Raison de plus pour ne pas attendre un instant (v. 1719-1720). Mais ici, revirement inattendu (en fait Villon se reprend d'une façon en réalité assez oratoire) : tirez-vous certes du mieux que vous pourrez d'affaire en ce monde, mais sachez de moi qui meurs que seule la mort donnera un sens à votre vie.

QUESTIONS

117. Commentez les vers 1667-1669. En quoi le vers 1667 constitue-t-il une préparation des vers suivants?

118. Etudiez la morale nuancée du premier quatrain.

BALLADE

BALLADE DE BONNE DOCTRINE

« Car ou soies porteur de bulles[247],
Pipeur[248] ou hasardeur de dez,
Tailleur de faulx coings* et te brusles   *faux-monnayeur
1695 Comme ceulx qui sont eschaudez[249]*,   *ébouillantés
Traistres parjurs, de foy vuidez ;
Soies* larron, ravis ou pilles :   *dissyll.
Ou en va l'acquest*, que cuidez** ?   *acquêt **n'est-il
                                        pas vrai?
Tout aux tavernes et aux filles.

1700 « Ryme, raille, cymballe*, luttes*,   *joue des cymbales
                                        et du luth
Comme fol, fainctif eshontez* ;   *effronté sous son
                                        déguisement
Farce, broulle*, joue des fleustes** ;   *fais des tours
Fais, es villes et es citez,   **flûtes
Farces, jeux et moralitez ;
1705 Gaigne au berlanc*, au glic**, aux quilles :   *brelan **aux cartes
Aussi bien va, or escoutez !
Tout aux tavernes et aux filles.

« De telz ordures te reculles,
Laboure, fauche champs et prez,
1710 Sers et pense* chevaux et mulles,   *panse
S'aucunement tu n'es lettrez ;
Assez auras, se prens en grez*.   *si tu te tiens pour
                                        satisfait
Mais, se chanvre broyes* ou tilles[250]**,   *dissyll. **tires
                                        le fil
Ne tens* ton labour qu'as ouvrez   *ne destines-tu pas
1715 Tout aux tavernes et aux filles ?

« .Chausses[251], pourpoins esguilletez*,   *à aiguillettes
Robes, et toutes vos drappilles[252]*,   *vêtements

---

247. Trafiquants de reliques, de souvenirs, d'indulgences, faux pèlerins, faux clercs, baladins, ménestrels, mendiants, voleurs, « enfants perdus », ils avaient fait ou prétendaient avoir fait le chemin de Compostelle ; la coquille Saint-Jacques au côté, c'étaient, au sens large, les coquillards ; **248.** Le pipeur truque les dés, le hasardeur triche avec des dés réglementaires ; **249.** Faux-monnayeurs. Ils étaient bouillis sur la place publique, comme Christophe Turgis, sur le marché aux Pourceaux, le 17 décembre 1456 ; **250.** Métier ambulant et, en tant que tel, assez mal famé ; **251.** Grand bas montant du pied à la cuisse et se terminant en braies. Cet ensemble se rattachait au pourpoint, qui allait remplacer la hucque, par un système de jarretelles, ou « aiguillettes » ; **252.** Houppelandes et autres, masculines ou féminines. Le « surcot » du vers 1972 est une sorte de jaquette, masculine ou féminine, plus longue que le « pourpoint » et moins longue que la « robe ».

Ains que vous fassiez pis, portez[253]
Tout aux tavernes et aux filles. **(119)**

CLIX

1720 « A vous parle, compaings de galle*,　　　*plaisir
Mal des ames et bien du corps,
Gardez vous tous de ce mau hasle*　　　*hâle mauvais
Qui noircist les gens quant sont mors ;
Eschevez* le, c'est ung mal mors** ;　　　*esquivez **mauvaise morsure
1725 Passez vous* au mieulx que pourrez ;　　　*tirez-vous d'affaire
Et, pour Dieu, soiez tous recors*　　　*souvenez-vous
Qu'une fois viendra que mourrez. » **(120)**

CLX

Item, je donne aux Quinze Vings[254]
(Qu'autant vauldroit nommer Trois Cens)
1730 De Paris, non pas de Provins[255],
Car a eulx tenu je me sens ;
Ilz auront, et je m'y consens,
Sans les estuys, mes grans lunettes
Pour mettre a part, aux Innocents[256],
1735 Les gens de bien des deshonnestes.

CLXI

Icy n'y a ne ris ne jeu.
Que leur vault il avoir chevances[257]*,　　　*richesses

---

253. Allusion macabre : Hâtez-vous de jouir : les habits peuvent en effet, dans ce milieu, revenir d'un moment à l'autre au bourreau (v. 1211 et 1672) ; 254. Hôpital fondé par Saint Louis pour les aveugles. Ces aveugles avaient le privilège de quêter dans l'église attenant au cimetière des Innocents, qui était tout proche ; 255. Villon feint plaisamment une confusion possible entre Paris et Provins ; 256. Au charnier des Innocents, qui servait d'ossuaire aux cimetières de Paris ; 257. La « leçon » de Villon continue, selon le jeu antithétique et continu qui lui est habituel. Villon songe maintenant aux heureux de ce monde, qui ont, par humilité, demandé à être enterrés dans la fosse commune du grand cimetière parisien, qui ne sont plus maintenant que des pécheurs (v. 1744) et à qui tous leurs biens ont de toute évidence mal profité : ils en sont au même point que les mauvais garçons, la Belle Heaulmière et Villon lui-même. Leur ressemblance physique est le signe de leur identité et égalité morales.

QUESTIONS

---

119. Montrez en quoi tout cet ensemble, et notamment la ballade, constitue un étonnant air de bravoure.

120. Sincérité et « tragédie » dans Villon (le poète a employé ce mot au sens de « fantaisie » dans une ballade que nous ne citons pas).

N'en grans liz de parement jeu*,   *et d'(avoir) couché
Engloutir vins en grosses pances,
1740 Mener joye, festes et dances,
Et de ce prest estre* a toute heure?   *et d'en être à même
Toutes faillent* telles plaisances,   *passent
Et la coulpe* si en demeure.   *souillure

LA LÉGENDE DE LA MORT

CLXII

Quant je considere ces testes[258]
1745 Entassees en ces charniers,
Tous furent maistres des requestes[259],
Au moins de la Chambre aux Deniers[260],
Ou tous furent portepanniers* :   *portefaix
Autant puis l'ung que l'autre dire,
1750 Car d'evesques ou lanterniers*   *allumeurs de lanternes
Je n'y congnois rien a redire*.   *nulle différence

---

258. Peu à peu se dégage le vaste mouvement du *Testament* : nous voici revenus de la Femme à la Mort et à la Pauvreté, et bientôt, pour finir, à la Justice et aux Mauvais Juges (couplets CLXV). Mais il y a eu progrès : la Mort, d'abord considérée dans son champ (couplets XL-XLI), est maintenant considérée au milieu de sa moisson, et l'imperfection humaine se révélant universelle, Villon étend à tous les vœux qu'il a formés pour son salut. Tous ces thèmes sont fort anciens. Rutebeuf a frémi devant l'universalité de la mort :

> Las! ti dolant, la mort te chace
> Qui test t'aura lassei et pris.
> Dessus ta tête sa masse :
> Viex et jones tient a un pris.
> Tantôt a fait de pié eschace.

Jean de Meung avait pour sa part signalé l'égalité devant la naissance ; écoutons-le parler des princes :

> Leur corps ne vaut pas une pomme
> Plus que le corps d'un charretier
> Ou d'un clerc ou d'un escuier.
> Je les fis tous semblables estre,
> Ainsi qu'il paraît a leur naître ;
> Par moi naissent pareils et nuds,
> Forts et faibles, gros et menuz ;
> Tous les metz a égalité.

Ce qui assure l'originalité de Villon, c'est la leçon de clémence qu'il est le premier à recommander aux juges qui l'ont condamné. Les vers 1771-1773, malgré leur caractère antiphrastique, préfigurent curieusement la *Ballade des pendus*. C'est que l'inspiration est la même ; 259. Voir vers 1206 ; 260. Ils formaient un tribunal, et rapportaient les requêtes des particuliers dans le conseil du roi, présidé par le chancelier.

CLXIII

Et icelles qui s'enclinoient*   *s'inclinaient
Unes contre* autres en leurs vies,   *devant
Desquelles les unes regnoient
1755 Des autres craintes et servies,
La les voy toutes assouvies*,   *bien finies
Ensemble en ung tas peslemesle :
Seigneuries* leur sont ravies,   *quatre syll.
Clerc ne maistre ne* s'y appelle.   *(nul) ne

CLXIV

1760 Or* sont ilz mors, Dieu ait leurs ames !   *maintenant
Quant est des corps, ilz sont pourris.
Aient esté seigneurs ou dames,
Souef* et tendrement nourris   *finement
De cresme, fromentee* ou riz,   *bouillie de froment
1765 Leurs os sont declinez* en pouldre** :   *tombés **poussière
Auxquels ne chault d'esbatz ne ris.
Plaise aux doulx Jhesus les absouldre !

CLXV

Aux trespassez je fais ce laiz,
Et icelluy je communique*   *je l'étends
1770 A regens, cours, sieges, palaiz²⁶¹,
Hayneurs* d'avarice** l'inique,   *ennemis **cupidité
Lesquelz pour la chose publique
Se seichent les os et les corps :
De Dieu et de saint Dominique²⁶²
1775 Soient absols quant seront mors²⁶³ ! **(121)**

---

261. Les *régents* étaient les lieutenants du roi, notamment comme officiers judiciaires ; les *cours* jugeaient en dernier ressort ; les *sièges* étaient de simples juridictions subalternes ; *palais* est le terme le plus général ; 262. Allusion à l'Inquisition, qui exhumait les restes, pour les brûler publiquement, de ceux qui étaient morts en état d'hérésie ; mais ce n'est que par une erreur alors fréquente que Villon attribue à saint Dominique la fondation de l'Inquisition ; 263. Ici se termine le *Testament* proprement dit et commence le codicille qui répare les oublis. Villon ne s'est pas trompé : aucun de ses derniers legs ne pouvait entrer dans le mouvement précédent sans en fêler l'unité.

——— QUESTIONS ———

121. Montrez que ce texte (CLXII-CLXV) ne peut vraiment s'expliquer qu'en regard de l'*Epitaphe Villon*. Quelles réflexions générales vous inspirent l'exactitude et la nécessité du rapprochement ?

[Villon répare certains « oublis », toujours avec habileté, et diversement implacable (legs à Jacques Cardon, aux « amoureux » mal en point, à Jacques Lomer, au grand sénéchal de Normandie, au chevalier du Guet et à un sergent de la garde du prévôt de Paris (v. 1776-1843). Il ne lui reste plus qu'à désigner, en cas de litige, un arbitre de la lettre et de l'esprit de son testament, avec faculté...]

CLXXIV

De le gloser et commenter,
De le diffinir et descripre*,   *transcrire
Diminuer ou augmenter,
1855 De le canceller* et prescripre**   *raturer **fixer la
De sa main et ne sceut escripre,   durée de la validité
Interpreter et donner sens,
A son plaisir, meilleur ou pire :
A tout cecy je m'y consens²⁶⁴. **(122)**   *je consens

[Cet arbitre aura tout pouvoir de reverser sur un légataire de son choix le legs égaré sur un homme déjà passé « de mort à vie » à l'insu du testateur, qui n'a plus qu'à bien choisir son sépulcre et à régler les obsèques (v. 1860-1867).]

CLXXVI

Item, j'ordonne a Sainte Avoye²⁶⁵,
Et non ailleurs, ma sepulture ;
1870 Et, affin que chascun me voie,
Non pas en char*, mais en painture,   *chair
Que l'on tire* mon estature**   *trace **portrait
D'ancre, s'il ne coustoit trop chier. **(123)**   en pied
De tombel*? riens : je n'en ay cure,   *tombeau
1875 Car il greveroit* le planchier.   *chargerait trop

CLXXVII

Item, vueil qu'autour de ma fosse
Ce qui s'ensuit, sans autre histoire,

---

264. Tout lecteur est convié par le poète à se faire lui-même son exégète ; **265.** La chapelle de Sainte-Avoie, située au premier étage du couvent des Augustines (d'où *planchier* au v. 1875 et *sollier* au v. 1884), ne pouvait recevoir de sépultures.

■ QUESTIONS

122. CLXXIV. Le « dessous du jeu » dans Villon.
123. Etudiez le côté burlesque de cette prescription concernant sa sépulture.

Soit escript en lettre assez grosse,
Et qui n'auroit* point d'escriptoire,   *et si l'on n'a
1880 De* charbon ou de pierre noire,   *avec du
Sans en riens entamer le plastre ;
Au moins sera de moi memoire,
Telle qu'elle est d'ung bon follastre : **(124)**

ÉPITAPHE

CLXXVIII

CY GIST ET DORT EN CE SOLLIER*,   *chambre haute
1885 QU'AMOURS OCCIST DE SON RAILLON*,   *de ses traits
UNG POVRE PETIT ESCOLLIER,
QUI FUT NOMMÉ FRANÇOIS VILLON.
ONCQUES DE TERRE N'EUT SILLON.
IL DONNA TOUT, CHASCUN LE SCET :
1890 TABLES, TRESTEAULX, PAIN, CORBEILLON.
GALLANS, DICTES EN CE VERSET : **(125)**

VERSET

OU RONDEAU

REPOS ETERNEL DONNE A CIL*,   *celui-ci
SIRE*, ET CLARTÉ PERPETUELLE,   *Seigneur
QUI VAILLANT PLAT NI ESCUELLE
1895 N'EUT ONCQUES, N'UNG* BRAIN DE PERCIL.   *ni même
IL FUT REZ*, CHIEF, BARBE ET SOURCIL,   *rasé
COMME UNG NAVET QU'ON RET* OU PELLE.   *racle
REPOS ETERNEL DONNE A CIL.
RIGUEUR[266] LE TRANSMIT EN EXIL
1900 ET LUY FRAPPA AU CUL LA PELLE,
NON OBSTANT QU'IL DIT : « J'EN APPELLE[267] ! »

---

266. Il ne s'agit pas d'un nom commun, comme au vers 978, mais d'une véritable déesse, comme la Fortune, à ceci près qu'elle est toujours désastreuse ; **267.** Allusion à quelque appel probable adressé à l'évêque de Paris du fond de la prison de Meung, et resté sans réponse.

QUESTIONS

124. Soulignez l'importance des deux derniers vers.

125. Analysez les sentiments exprimés dans cette épitaphe.

QUI N'EST PAS TERME TROP SUBTIL.
REPOS ETERNEL DONNE A CIL. **(126)**

CLXXIX

Item, je vueil qu'on sonne a bransle*   *à toute volée
1905 Le gros beffroy[268], qui est de voirre* ;   *verre (pour le sens
Combien qu'il n'est cuer qui ne tremble, **(127)**   et la prononciation)
Quant de sonner est a son erre*.   *il se met en train
Sauvé a mainte bonne terre,
Le temps passé, chascun le scet :
1910 Fussent gens d'armes ou tonnerre,
Au son de luy, tout mal cessoit[269]*.   *cessait

CLXXX

Les sonneurs auront quatre miches
Et, se c'est peu, demye douzaine ;
Autant n'en donnent les plus riches,
1915 Mais ilz* seront de saint Estienne[270].   *elles
Vollant[271] est homme de grant paine*.   *fort dur à la peine
L'ung en sera ; quant g'y regarde*, **(128)**   *j'y réfléchis
Il en vivra une sepmaine.
Et l'autre? Au fort, Jehan de la Garde.

---

268. Nous dirions le bourdon de Notre-Dame. C'était la Jacqueline, une cloche fragile, qui s'était brisée en 1429, qu'il avait fallu réparer en 1434, puis refondre en 1451. Villon sait très bien ce qu'il fait quand il demande qu'on la sonne « à branle » : on le fera en 1479, et la cloche se rebrisera ; 269. Voilà Villon en passe de devenir patron de Paris, comme sainte Geneviève en est la patronne. Il est vrai que le « baron » du *Lais* est en train de reparaître dans l'ordonnance de ces obsèques ; 270. C'est-à-dire en pierre, en souvenir de la lapidation de saint Etienne, représentée dans le tympan du croisillon nord de Notre-Dame ; 271. Rien d'étonnant, avec un nom pareil, dès qu'il s'agit de sonner à toute volée ; mais il se peut aussi, en cas d'antiphrase, que l'on soit en face d'un avare émérite et d'un fieffé fainéant (v. 1918). De toute façon, Villon ne choisit pas le premier venu : *Vollant* était un riche marchand, qualifié en 1461 de « vendeur de sel ». *J. de la Garde*, riche épicier, fils d'un notaire et secrétaire du roi.

QUESTIONS

---

126. Etudiez le mélange de formules rituelles et d'images inattendues dans une telle prière.

127. Le vers 1906 comporte une des équivoques les plus réussies du *Testament* : d'où proviennent un instant les sueurs froides du peuple de Paris?

128. Ce vers se termine par une cheville. A quoi le voyez-vous? Comment Villon s'y est-il pris pour la faire excuser? Y a-t-il beaucoup de chevilles de ce genre dans son œuvre?

Villon a tout juste le temps de nommer six « exécuteurs », trois titulaires et trois suppléants, et de déshériter le maître des testaments, de l'officialité, qui n'aura pas à s'occuper de soins confiés à un magistrat civil, un ancien disciple, Thomas Tricot, clerc modèle et saint prêtre, qui, faisant pour ainsi dire mentir son nom, ne hante point les tripots. Un mot du luminaire, et l'agonie commence : c'est le moment de demander pardon à tout le monde (v. 1290-1963) :

> Trop plus mal me font qu'onques mais
> 1965 Barbe, cheveulx, penil, sourcis.
> Mal me presse, temps desormais
> Que crie a toutes gens mercis*.   *pardon

BALLADE

BALLADE DE MERCY

> A Chartreux et a Celestins,
> A Mendians et a Devotes,
> 1970 A musars* et claquepatins²⁷²**,   *badauds **gandins
> A servans* et filles mignotes   *soupirants
> Portans surcotz et justes* cotes²⁷³,   *collantes
> A cuidereaux* d'amours transsis   *jeunes fats
> Chaussans sans meshaing* fauves botes²⁷⁴, *sans mal
> 1975 Je crie a toutes gens mercis. [...]
>
> A ribleurs, mouveurs de hutins*,   *larrons fauteurs de
> A bateleurs, traynans marmotes,   tapage
> 1980 A folz, folles, a sotz et sotes²⁷⁵,
> Qui s'en vont siflant six a* six,   *par
> A* vecies** et mariotes²⁷⁶***,   **trisyll. ***marottes
> Je crie a toutes gens mercis.
>
> Sinon aux traistres chiens matins,
> 1985 Qui m'ont fait rongier dures crostes* *croûtes

---

272. Les patins étaient des souliers de cuir à semelle de bois que l'on portait par-dessus les chaussures pour les protéger : les élégants faisaient claquer les leurs ; c'était une manière d'attirer l'attention féminine ; **273.** Nous ne disposons guère à ce sujet que d'un document iconographique, mais il illustre bien le vers de Villon ; Christine de Pisan recommande aux femmes « les cotes larges et honnestes » ; **274.** Fort à la mode, même chez les femmes. Avec cette ballade commence la grande parade finale ; **275.** On a reconnu tous les enfants perdus ; **276.** Les sots et sottes gonflaient des vessies de porc après y avoir introduit un pois sec en guise de grelot.

Et maschier, mains soirs et matins,
Qu'ores je ne crains pas trois crotes[277].
Je feisse pour eulx petz et rotes* ;   *rots
Je ne puis, car je suis assis.
1990 Au fort, pour eviter riotes,
Je crie a toutes gens mercis.

Qu'on leur froisse* les quinze costes   *brise
De gros mailletz, fors et massis*,   *massifs
De plombees* et telz pelotes.   *trisyll., de
1995 Je crie a toutes gens mercis. **(129)**   (lanières) plombées

AUTRE BALLADE

Icy se clost le testament
Et finist du pauvre Villon.
Venez a son enterrement,
Quant vous orrez le carrillon,
2000 Vestus rouge com vermillon[278],
Car en amours mourut martir[279].
[. . . . .]

Et je croy bien que pas n'en ment ;
2005 Car chassié fut comme ung souillon*   *marmiton
De ses amours hayneusement,
Tant que, d'icy a Roussillon,
Brosse* n'y a ne brossillon   *broussaille
Qui n'eust, ce dit il sans mentir,
2010 Ung lambeau de son cotillon,
Quant de ce monde voult partir.

---

277. Dernier souvenir de Thibaut d'Aussigny ; 278. Le rouge est la couleur liturgique pour
la fête d'un martyr ; c'est aussi celle des Fous le jour de leur fête ; il se peut aussi que le poète
prête à cette couleur une valeur imprécative ; 279. C'est maintenant une voix d'outre-tombe
qui parle : c'est son « je suis mort ! je suis enterré ! ». On peut imaginer diverses mises en
scène, où le Mort lui-même tiendrait un rôle !

--- **QUESTIONS** ---

129. Pouvez-vous juger Villon aux gens qu'il croit avoir offensés ?
Pourquoi crie-t-il merci à des gens que nous lui savons fort chers ? Faites la
part de la gravité et celle de la « tragédie » bouffonne.

Il est* ainsi et tellement,　*il en est
Quant mourut n'avoit qu'ung haillon;
Qui plus, en mourant, mallement*　*pour son mal
2015 L'espoignoit* d'Amours l'esguillon;　*le poignait
Plus agu que le ranguillon*　*ardillon
D'ung baudrier luy faisoit sentir
(C'est de quoy nous esmerveillon),
Quant de ce monde voult partir.

2020 Prince, gent* comme esmerillon,　*noble
Sachiez qu'*il fist au departir**:　*ce que **au départ
Ung traict but de vin morillon[280],　*rouge sombre
Quant de ce monde voult partir. **(130)**

Commentaire philologique, grammatical et stylistique.

Vers 2004. — *Je.* François Villon.

Vers 2009. — *Il.* Le « povre Villon », ou Villon vu par lui-même.

Vers 2018. — *Nous.* La synthèse extraordinaire : le personnage et son auteur. L'*Epistre à ses amis* offre un jeu analogue de pronoms, mais en moins subtil et en moins complet.

Vers 2023. — *Morillon.* Prononcer « Mor...illon ». On peut aller (si possible) du ton le plus lugubre au rétablissement le plus triomphal. C'est déjà l'adieu de Scapin...

_____

280. Rappel du vers 729.

──────── **QUESTIONS** ────────

130. Montrez que les deux ballades finales supposent de la part du diseur d'étonnantes ressources de jeu, et un sens de la scène, unique à cette époque, qui font de la « mort » de Villon une apothéose.

Montrez que sur le plan de la composition le feu d'artifice est aussi une impeccable conclusion.

APRÈS LE TESTAMENT

LE DÉBAT DU CUER ET DU CORPS DE VILLON

L'unanimité n'est pas faite sur la date de cette ballade, que certains voudraient dater de la captivité du poète dans la tour Manassé. Mais le début de la première strophe s'accorde tout aussi bien avec la vie de reclus que Villon a dû mener dans les environs de Paris, pendant la composition du *Testament*. Si nous rapprochons ce début du couplet CIV, nous obtenons un contraste qui est bien dans la manière de Villon. Nous nous rangeons donc aux vues de Longnon, qui plaçait cette ballade entre le *Testament* et la *Ballade du problème*. L'artifice dramatique qui oppose Villon tout entier, bons instincts, désinvolture, lassitude, faiblesse, à sa conscience, sentiment de sa valeur, remords, droiture foncière, remonte au *Roman de la Rose* et à d'autres « disputacions », moins célèbres, « en forme de dyalogue ».

Qu'est ce que j'oy? — Ce suis je! — Qui? — Ton cuer,
Qui ne tient mais qu'a ung petit filet* : *fil
Force n'ay plus, substance ne liqueur*, *sang
Quant je te voy retraict* ainsi seulet, *retiré
5 Com povre chien tapy en reculet*. — *en un coin
Pour quoy est ce? — Pour ta folle plaisance*. — *ton fol caprice
Que t'en chault il*? — J'en ay la desplaisance. — *que t'importe?
Laisse m'*en paix! — Pour quoy? — J'y penserai. — *moi
Quant sera ce? — Quant seray hors d'enfance. —
10 Plus ne t'en dis. — Et je m'en passeray*. — *je m'en contenteray

Que penses tu?* — Estre homme de valeur. — *que veux-tu devenir
Tu as trente ans — C'est l'aage d'un mullet[281] —
Est ce enfance? — Nennil. — C'est donc folleur* *une folie
Qui te saisist? — Par ou? Par le collet? —
15 Rien ne congnois*. — Si fais. — Quoy? — *tu ne sais rien à rien
[Mouche en let[282] ;
L'ung est blanc, l'autre est noir, c'est la distance. —
Est ce donc tout? — Que veulx tu que je tance*? — *j'avance
Se n'est assez, je recommenceray. —

---

281. C'est au corps que revient cette interruption irrévérencieuse ; **282.** Référence irrévérencieuse à la *Ballade* dite *des menus propos*.

Tu es perdu! — J'y mettray resistance. —
20 Plus ne t'en dis. — Et je m'en passeray. —

J'en ay le dueil* ; toy, le mal et douleur.   *chagrin
Se feusses ung povre ydiot et folet*,   *simplet
Encore* eusses de t'excuser couleur** :   *alors **prétexte
Si n'as tu soing, tout t'est ung, bel ou let*.   *laid
25 Ou la teste as plus dure qu'ung jalet*,   *galet
Ou mieulx te plaist qu'onneur ceste meschance*!   *déchéance
Que respondras a ceste consequence? —
J'en seray hors quant je trespasseray. —
Dieu, quel confort*! — Quelle sage eloquence! —   *réconfort
30 Plus ne t'en dis. — Et je m'en passeray. —

Dont* vient ce mal? — Il vient de mon maleur.   *d'où
Quant Saturne[283] me feist mon fardelet*,   *lot
Ces maulx y meist, je le croy. — C'est foleur :
Son seigneur es*, et te tiens son varlet**.   *tu es **valet
35 Voy que Salmon escript en son rolet[284]* :   *écrit
« Homme sage, ce dit il, a puissance
Sur planetes et sur leur influence. » —
Je n'en croy riens; tel qu'ilz* m'ont fait seray. —   *elles
Que dis tu? — Dea*! certes, c'est ma creance**. —   *bah! **créance
40 Plus ne t'en dis. — Et je m'en passeray.

Veulx tu vivre? — Dieu m'en doint la puissance! —
Il te fault... — Quoy? — Remors de conscience,
Lire sans fin. — En quoy? — Lire en science[285]*,   *livres de science
Laisser les folz! — Bien j'y adviseray. —
45 Or le retien! — J'en ay bien souvenance. —
N'atens pas tant que* tourne a desplaisance**   *que tout **à ton mal
Plus ne t'en dis. — Et je m'en passeray. (131)

---

283. Villon serait donc « saturnien », comme Verlaine. Il croit et ne croit pas à l'influence des astres ; 284. Villon sollicite ici un texte de Salomon (Sagesse, VII, 17-19) et paraphrase en fait le *vir bonus dominabitur astris* de Ptolémée. Il le prête à Salomon, le Sage par excellence, à qui, dans les rêves du Moyen Age, on opposait Saturne, plus souvent nommé Marcoul ; 285. Dernier écho du *Testament* (couplet XXVI).

━━━ QUESTIONS ━━━

131. Montrez comment Villon réussit à rendre dramatique ce dialogue, comment le cœur converti prêche le corps, d'abord ironique, puis peu à peu ému et angoissé. Quelle est la valeur du refrain de cette ballade?

PROBLÈME

BALLADE DE LA FORTUNE

« Tout le long de cette ballade, c'est Fortune qui parle. Le poète se fait sermonner, bafouer et menacer par ce personnage allégorique, par cette divinité malveillante qui aime à se vanter de ses méfaits. Le thème n'était pas nouveau, et le procédé du discours direct était fréquent dans la poésie du XVe siècle. On trouve l'un et l'autre dans la Ballade CXIII de Charles d'Orléans, et dans beaucoup d'autres œuvres. — Ici, dans les strophes 2 et 3, Fortune passe en revue ses exploits ; le procédé de l'énumération, cher à Villon, reparaît et domine tout. Les souvenirs des épopées antiques (Priam, Jason), les faits de l'histoire grecque et de l'histoire romaine, les emprunts à la Bible sont curieusement entassés. Conclusion : devant une puissance aussi universelle et tyrannique, le mieux est de faire le gros dos et de se tenir heureux que le « Dieu de Paradis » ne permette pas à Fortune d'aller jusqu'au bout de ses cruels caprices », disait J. Passeron.

> Fortune fus* par clers jadis nommee,   *je fus
> Que* toy, Françoys, crie et nomme murtriere[286], *moi que toi...
> Qui* n'es homme d'aucune renommee.   *toi qui pourtant...
> Meilleur que toy fais user en plastriere,
> 5 Par povreté, et fouÿr en carriere ;
> S'a honte vis, te dois tu doncques plaindre ?
> Tu n'es pas seul ; si* ne te dois complaindre.   *aussi
> Regarde et voy de mes fais* de jadis,   *par mes actions
> Mains vaillans homs par moy mors et roidis ;
> 10 Et n'es, ce sçais*, envers eulx ung souillon.   *tu le sais
> Appaise toy et mets fin en tes dis*.   *à tes discours
> Par mon conseil prens tout en gré*, Villon[287] ! *tiens-toi heureux
>
> Contre grans roys me suis bien anymee*,   *je me suis mise en action
> Le temps* qui est passé ça en arriere :   *durant le temps

---

286. Allusion au *Testament* (v. 1784-1795). La Fortune est une ancienne déesse païenne : on voit assez comment Villon la christianise, et elle ressemble fort au Satan du Livre de Job, qui peut tout contre le Serviteur de Dieu dans les limites mêmes permises par le Très-Haut. En fait, il s'agit d'une ennemie de l'humanité, et d'une alliée de la Mort. C'est à Boèce que l'on doit l'image de cette déesse aveugle occupée à manier une roue qui élève les uns et abaisse les autres sans aucun souci de la justice. On comprend qu'une vue aussi cyclique ne permette que la résignation : c'est même ce que Villon a gardé de l'image de la roue. Encore est-il à observer que cette roue s'est remise en mouvement, car Jacquemart Gelée, de Lille, l'avait bloquée, en 1288, dans les derniers vers de son *Renart le Nouvel*. Renart, Orgueil et Fausseté, avec la cour des Vices, en occupaient alors le sommet ; **287.** Ultime écho du *Testament* (v. 246).

15 Priam occis* et toute son armee, *je fis périr
　Ne luy valut tour, donjon, ne barriere ;
　Et Hannibal demoura il derriere ?
　En Cartaige²⁸⁸ par Mort le feis attaindre ;
　Et Scypion l'Affriquan²⁸⁹ feis estaindre ;
20 Julles Cesar²⁹⁰ au Senat je vendis* ; *je livrai
　En Egipte Pompeë²⁹¹ je perdis* ; *je fis périr
　En mer noyé* Jason²⁹² en ung bouillon ; *je noyai
　Et une fois Romme et Rommains ardis²⁹³* . *je brûlai
　Par mon conseil prens tout en gré, Villon !

25 Alixandre, qui tant feist de hemee* *carnage
　Qui voulut veoir l'estoille pouciniere²⁹⁴,
　Sa personne par moy fut envlimee* ; *empoisonnée
　Alphasar roy, en champ, sur sa baniere
　Rué²⁹⁵ jus mort. Cela est ma maniere*, *mon œuvre
30 Ainsi l'ay fait, ainsi le maintendray :
　Autre cause ne raison n'en rendray²⁹⁶.
　Holofernes²⁹⁷ l'ydolastre mauldis*, *je vouai
　　　　　　　　　　　　　　　　　　　　au malheur
　Qu'occist Judith (et dormoit entandis*!) *pendant
　　　　　　　　　　　　　　　　　　　　ce temps
　De son poignard, dedens son pavillon* ; *sa tente
35 Absalon²⁹⁸, quoy ? en fuyant le pendis*, *je le pendis
　Par mon conseil prens tout en gré, Villon !

---

288. *Hannibal* ne mourut pas à Carthage. Réfugié auprès de Prusias, roi de Bithynie, il dut s'empoisonner pour ne pas être livré aux Romains (183 av. J.-C.) ; 289. *Scipion* le premier *Africain*, le vainqueur d'Hannibal à Zama (202 av. J.-C.), mourut de mort naturelle ; *Scipion Emilien*, le second *Africain*, qui détruisit définitivement Carthage en 146, fut trouvé mort dans son lit (129 av. J.-C.) ; il avait sans doute été assassiné. C'est au second que se rapporte l'allusion de Villon. *Estraindre : mourir de mort violente* ; 290. *Jules César :* assassiné en plein sénat par Brutus et ses complices (44 av. J.-C.) ; 291. *Pompée*, l'adversaire de César, se réfugia en Egypte après sa défaite à Pharsale, et fut tué sur l'ordre du roi Ptolémée (48 av. J.-C.) ; 292. *Jason*, chef des Argonautes (v. *Ballade contre les ennemis de la France*, v. 1 et 2). Selon la légende, Jason, après une vie agitée, périt non pas « noyé dans un tourbillon », mais assommé par une poutre de son navire *Argo*, tiré au sec ; 293. Allusion à l'incendie de Rome provoqué par Néron (64 apr. J.-C.) ; 294. Nom vulgaire de la constellation des Pléiades. Ce vers fait allusion à la légende d'Alexandre montant au ciel ; 295. « J'ai renversé mort à terre le roi Alphasar, sur le champ [de bataille]. » = Arphaxad, roi des Mèdes, fut vaincu par Nabuchodonosor Iᵉʳ, roi d'Assyrie ; 296. Les vers 30 et 31 sont altérés ou interpolés ; ils ne cadrent pas avec le système des rimes de ces douzains ; on attend deux rimes en *-aindre*, comme aux vers 6-7 et 18-19 ; et leur sens est vraiment forcé ; 297. *Holopherne*, général de Nabuchodonosor, fut tué dans son sommeil par la Juive Judith, alors qu'il assiégeait Béthulie (Judith, X-XIII) ; 298. *Absalon*, fils de David, se révolta contre son père. Vaincu en bataille rangée, il prit la fuite, mais, passant sous un chêne, il resta *suspendu par ses cheveux* et fut transpercé par Joab et ses écuyers (Rois, II, XVIII, 6-15).

Pour ce, Françoys, escoute que* te dis :   *ce que
Se riens peusse sans Dieu de Paradis,
A toy n'autre* ne demourroit haillon,   *ni à nul autre
40 Car, pour ung mal, lors j'en feroye dix.
Par mon conseil prens tout en gré, Villon! **(132)**

L'ÉPITAPHE VILLON

A la suite de l'affaire Ferrebouc, Villon est de nouveau incarcéré à la Conciergerie et condamné « a estre pendu et etranglé ». L'exécution de la sentence était imminente : la vision du gibet lui inspira cette ballade, plus connue sous le nom de BALLADE DES PENDUS.

Freres humains qui après nous vivez,
N'ayez les cuers contre nous endurcis,
Car, se pitié de nous povres avez,
Dieu en aura plus tost de vous mercis.
5 Vous nous voiez cy attachez cinq, six[299] :
Quant de la chair, que trop avons nourrie,
Elle est pieça devorée et pourrie,
Et nous, les os, devenons cendre et pouldre.
De nostre mal personne ne s'en rie[300]*;   *ne se rie
10 Mais priez Dieu que tous nous vueille absouldre!

Se freres vous clamons*, pas n'en devez   *nommons
Avoir desdaing, quoy que fusmes occis*   *mis à mort

---

299. Le gibet de Montfaucon se situait entre les faubourgs du Temple et de Saint-Martin, à 350 m environ des murs de Paris. Haut de 15 m, large de 10 et long de 13, il se composait de seize piliers de pierre d'une dizaine de mètres, reliés entre eux, sur trois faces de la plate-forme, par trois étages de poutres transversales où pendaient de place en place une chaîne et son cadavre, et pouvait recevoir au besoin jusqu'à soixante victimes ; **300.** Malgré la puanteur et la hideur du lieu, malgré le vol perpétuel des grands corbeaux, espèce aujourd'hui quasi disparue dont l'envergure atteignait 1,30 m, les cabarets se pressaient en nombre autour du gibet. Le peuple avait devant le squelette la même attitude que devant le diable des mystères, il en avait peur et il en riait.

--- **QUESTIONS** ---

132. Etudiez le ton de la Fortune, notamment dans le premier couplet et dans l'envoi.
Appréciez l'érudition de la Fortune.
Dégagez la signification du refrain, et situez-la dans l'ensemble et au terme d'une œuvre.

Par justice. Toutesfois, vous sçavez
Que tous hommes n'ont pas bon sens rassis ;
15 Excusez nous, puis que sommes transsis*,   *morts et bien morts
Envers le fils de la Vierge Marie,
Que sa grace ne soit pour nous tarie,
Nous preservant de l'infernale fouldre.
Nous sommes mors, ame ne nous harie* ;   *tourmente
20 Mais priez Dieu que tous nous vueille absouldre!

La pluye* nous a debuez** et lavez,   *une syll. **lessivés
Et le soleil dessechiez et noircis ;
Pies, corbeaulx, nous ont les yeux cavez*,   *profondément creusés
Et arrachié la barbe et les sourcis.
25 Jamais nul temps nous ne sommes assis* ;   *tranquilles
Puis ça, puis la, comme* le vent varie,   *selon que
A son plaisir sans cesser nous* charie,   *il nous
Plus becquetez d'oiseaulx que dez* a couldre³⁰¹. *dés
Ne soiez donc de nostre confrairie ;
30 Mais priez Dieu que tous nous vueille absouldre!

Prince Jhesus, qui sur tous a maistrie*,   *puissance
Garde qu'Enfer n'ait de nous seigneurie :
A luy n'ayons que faire ne que souldre*.   *ni rien à payer
Hommes, icy n'a point de* mocquerie ;   *il n'y a nul lieu
35 Mais priez Dieu que tous nous vueille absouldre! (133)

---

301. Avant Villon, on trouve dans un *Dit de la Mort* :

... tu devendras en poudre
Tout picoté comme est ung day pour coudre
D'ung tas de vers dont tu seras repas.

--- **QUESTIONS** ---

133. Etudiez le plan et le mouvement de cette ballade, et, à cet égard, le rejet du vers 13, le chiasme des vers 21-22 et le rythme des vers 23 et 25-28.

— Communauté humaine et communion des saints dans cette ballade.

— Comparez le second couplet de cette ballade avec le troisième couplet du *Débat du cuer et du corps*, puis avec le second couplet de la *Question au clerc du guichet*. Pourquoi Villon ne songe-t-il pas à faire appel? Le mot « philosophie » est-il déplacé dans la *Question au clerc du guichet*?

— Quelles réflexions vous inspire le rapprochement du vers 32 de la *Ballade pour prier Nostre Dame* et des couplets CLVII et CLIX du *Testament*?

— Villon est-il désespéré?

LOUENGE A LA COURT

L'envoi de la ballade en indique à la fois le lieu, la date et l'objet : la sentence d'exil du 5 janvier 1463, qui sauvait les jours de Villon, était immédiatement exécutoire ; du lieu même de sa prison, il envoie son remerciement à la cour de parlement et lui demande un délai de trois jours pour revoir les siens.

Tous mes cinq sens : yeulx, oreilles et bouche,
  Le nez, et vous, le sensitif* aussi ;   *toucher
Tous mes membres ou* il y a reprouche,   *corps tout entier, où
  En son endroit* ung chascun die ainsi :   *pour sa part
5 « Souvraine Court, par qui sommes icy,
  Vous nous avez gardé de desconfire* .   *de mourir
Or la langue seule ne peut souffire
  A vous rendre souffisantes louenges* ;   *grâces
Si parlons tous, fille du souvrain Sire[302],
10 Mere des bons et seur des benois anges !

Cuer, fendez vous, ou percez d'une broche,
  Et ne soyez, au moins, plus endurcy
Qu'au desert fut la forte bise roche
  Dont* le peuple des Juifs fut adoulcy[303] :   *par laquelle
15 Fondez lermes* et venez a mercy** ;   *en larmes
                                                          **demander pardon
Comme humble cuer qui tendrement souspire,
  Louez la Court, conjointe au Saint Empire[304],
L'eur des Françoys, le confort des estranges* ,   *étrangers
  Procreee lassus ou ciel empire* ,   *dans l'empyrée du ciel
20 Mere des bons et seur des benois anges !

Et vous, mes dens, chascune si s'esloche* ;   *se mette en mouvement
  Saillez avant, rendez toutes mercy,
Plus hautement qu'orgue, trompe, ne cloche,
  Et de maschier n'ayez ores soussy ;
25 Considerez que je feusse transsy,
  Foye*, pommon et rate, qui respire ;   *dissyll.
Et vous, mon corps, qui vil estes et pire
  Qu'ours, ne pourceau qui fait son nyt* es fanges,   *nid

---

302. Il s'agit du roi ; **303.** Exode, xvii, 1-7 ; **304.** Du temps de Charlemagne, cour du roi et « parlement » ne faisaient qu'un. Villon sait flatter.

Louez la Court, avant qu'il vous empire,
30 Mere des bons et seur des benois anges!

Prince, trois jours ne vueillez m'escondire*,   *me refuser
Pour moy pourvoir et aux miens « a Dieu » dire;
Sans eulx argent je n'ay, icy n'aux changes*.   *banques
Court triumphant, *fiat*305*, sans me desdire**,   *dites oui
                                                      **repousser
35 Mere des bons et seur des benois anges! **(134)**

QUESTION AU CLERC DU GUICHET

OU BALLADE DE L'APPEL

C'est un poème où éclate la joie du prisonnier libéré. Le 5 janvier 1463, la cour du parlement a cassé le jugement du prévôt de Paris
qui condamnait Villon à être pendu; banni pour dix ans, il a du moins
la vie sauve. Alors, à Etienne Garnier, clerc du guichet du Châtelet,
qui lui avait sans doute conseillé de se tenir tranquille, Villon pose la
question : « N'ai-je pas été bien avisé de faire appel de ma condamna-
tion? »

Que vous semble de mon appel,
Garnier? Feis je sens ou folie? **(135)**
Toute beste garde sa pel*;   *peau
Qui la contraint, efforce* ou lie,   *force
5 S'elle peult, elle se deslie.
Quant donc par plaisir volontaire306*   *à la discrétion
Chantee* me fut ceste omelie307,   des juges
Estoit il lors temps de moy taire?   *trisyll.

---

305. C'était le mot qui figurait en marge d'une requête accordée. Sans doute Villon, qui
n'adresse pas la « louange » à l'officialité, mais à la cour de parlement, n'est-il plus clerc à
cette époque : il est tout à fait possible que Thibaut d'Aussigny ait réclamé et obtenu sa
dégradation en 1461; 306. Le cas de Villon n'était pas prévu par les ordonnances et cou-
tumes; nous disons de nos jours que la sentence fait jurisprudence; 307. C'est proprement
une causerie faite aux fidèles au cours de la messe : c'est une manière de dire que l'on
recommandait Villon aux prières du bourreau et de ses aides.

━━━ QUESTIONS ━━━

134. Dégagez le caractère curieusement « baroque » de cette pièce.
135. Appréciez le ton triomphant des deux premiers vers.

Se feusse des hoirs Hue Cappel*, (136)   *Hugues Capet
10 Qui fut extrait de boucherie,
   On ne m'eust, parmy ce drappel*,   *à travers ce linge
   Fait boire en ceste escorcherie.
   Vous entendez bien joncherie[308]*?   *m'entendes
                                                   à mots couverts
   Mais quant ceste paine arbitraire
15 On me jugea* par tricherie,   *on prononça
                                                   contre moi
   Estoit il lors temps de moy taire? (137)

   Cuidiez vous que soubz mon cappel*   *chapeau
   N'y eust tant de philosophie*   *sagesse
   Comme de dire : « J'en appel »?
20 Si avoit, je vous certiffie,
   Combien que point trop ne m'y fie.
   Quant on me dist, present notaire :
   « Pendu serez! » je vous affie*,   *le garantis
   Estoit il lors temps de moy taire? (138)

25 Prince, se j'eusse eu la pepie[309],
   Pieça je feusse ou est Clotaire[310],
   Aux champs debout comme une espie[311]*.   *en sentinelle
   Estoit il lors temps de moy taire?

---

308. L' « escorcherie » du vers 12 couvre en effet, comme une jonchée, le mot véritable, qui serait prison. Villon y avait subi la « question de l'eau » : le linge filtrait le liquide que le patient devait absorber lentement. Quant à Hugues Capet, il n'était pas fils de boucher, mais une légende le disait ; 309. Muet comme un oiseau atteint de pépie ; 310. Sur la route de Saint-Denis, où Clotaire, roi de France (556-561), est enterré ; 311. Evoque (progressivement!) un guetteur, un épouvantail ou même un des pendus de Montfaucon, qui, après tout, n'est pas, pour un homme du cloître Saint-Benoît, d'où écrit Villon, dans une direction si différente que cela de celle de Saint-Denis.

--- **QUESTIONS** ---

136. Indiquez, à propos des deux rois *Hue Cappel* (v. 9) et *Clotaire* (v. 26), les droits de la rime.

137. Villon croit-il encore à la justice humaine (v. 9-16)? Montrez comment il est amené à en douter et comment il en est toujours au même point que dans le *Testament* (XVII-XX).

138. Fierté et modestie de Villon (v. 17-24) : tout compte fait, Villon en est-il resté au même point qu'au vers 3 du *Testament*?

« Hommes, icy n'a point de mocquerie;
Mais priez Dieu que tous nous vueille absouldre! »
Gravure de l'édition Pierre Levet pour « l'Épitaphe Villon ».

DOCUMENTATION THÉMATIQUE

réunie par la Rédaction des « Nouveaux Classiques Larousse ».

1. Villon aux Enfers.

2. Une vengeance de Villon.

3. Villon en Angleterre.

Rabelais évoque Villon.
Il ne s'agit pas, à travers les textes cités ici, de rechercher des témoignages sur la vie ou l'œuvre de Villon. L'intérêt de ces documents est de montrer quelle image le poète avait laissée chez les humanistes de la Renaissance et la manière dont Rabelais — avec sa personnalité propre — a pu « annexer » à son propos tel ou tel trait de Villon ou de sa légende.

1. VILLON AUX ENFERS, PANTAGRUEL, XXX

Soubdain Epistémon commença respirer, puis ouvrir les yeulx, puis baisler[312], puis esternuer, puis fist un gros pet de mesnage. Dont dist Panurge :

« A ceste heure est-il guéry asseurément. »

Et luy bailla à boire un voirre d'un grand villain vin blanc, avecques une roustie succrée.

En ceste faczon feust Epistémon guéry habillement, excepté qu'il feut enroué plus de troys sepmaines et eut une toux seiche, dont il ne peut oncques guérir, sinon à force de boire.

Et là commencza à parler, disant qu'il avoit veu les diables, avoit parlé à Lucifer familièrement et fait grand chère en enfer et par les Champs Elisées, et asseuroit davant tous que les diables estoyent bons compaignons. Au regard des damnéz, il dist qu'il estoit bien marry de ce que Panurge l'avoit si tost révocqué en vie :

« Car je prenois (dist-il) un singulier passetemps à les veoir.

— Comment? dist Pantagruel.

— L'on ne les traicte (dist Epistémon) si mal que vous penseriez; mais leur estat est changé en estrange façon. Car je veis Alexandre le Grand qui repetassoit de vieilles chausses et ainsi gaignoit sa pauvre vie.

Xercès crioit la moustarde,
Romule estoit saulnier[313],
Numa, clouatier[314],
Tarquin, tacquin[315],
Piso, païsant,
Sylla, riveran[316],
Cyre estoit vachier,
Themistocles, verrier,
Epaminondas, myrallier[317],
Brute et Cassie, agrimenseurs[318],
Démosthenes, vigneron,
Cicéron, atizefeu[319],
Fabie, enfileur de patenostres[320],
Artaxercès, cordier,
Enéas, meusnier,
Achilles, teigneux,
Agamenon, lichecasse[321],

---

312. Bâiller; 313. Marchand de sel; 314. Cloutier; 315. Avare; 316. Riverain, batelier; 317. Miroitier; 318. Brutus et Cassius, arpenteurs; 319. Attisait le feu à la forge; 320. Chapelets; 321. Signifie « poêlons » en poitevin, ici gourmand.

Ulysses, fauscheur,
Nestor, harpailleur[322],
Darie, cureur de retraictz[323],
Ancus Martius, gallefretier[324],
Camillus, gallochier[325],
Marcellus, esgousseur de febves,
Drusus, trinquamolle[326],
Scipion Africain cryoit la lye en un sabot[327],
Asdrubal estoit lanternier[328],
Hannibal, cocquassier[329],
Priam vendoit les vieulx drapeaulx[330],
Lancelot du Lac estoit escorcheur de chevaulx mors, tous les chevaliers de la Table Ronde estoyent pauvres gaingne-deniers, tirans la rame pour passer les rivières de Coccyte, Phlegeton, Styx, Achéron et Lethé[331], quand messieurs les diables se voulent esbatre sur l'eau, comme sont les bastelières de Lyon et gondoliers de Venise; mais pour chascune passade ilz ne ont que une nazarde, et, sus le soir, quelque morceau de pain chaumeny[332];
Trajan estoit pescheur de grenoilles,
Antonin, lacquays,
Commode, gayetier[333],
Pertinax, eschalleur de noys[334],
Luculle, grillotier[335],
Justinian, bimbelotier,
Hector estoit fripesaulce[336],
Pâris estoit pauvre loqueteux,
Achilles, boteleur de foin,
Cambyses, mulletier,
Artaxercès, escumeur de potz,
Néron estoit vielleux et Fierabras son varlet; mais il luy faisoit mille maulx et luy faisoit manger le pain bis et boire vin poulsé[337], luy mangeoit et beuvoit du meilleur;
Julles César et Pompée estoient guoildronneurs[338] de navires.
Valentin et Orson[339] servoient aux estuves d'enfer, et estoient ragletoretz[340],
Giglan et Gauvain[341] estoient pauvres porchiers,
Geoffroy à la grand den estoit allumetier[342],

---

322. Chercheur d'or; 323. Vidangeur; 324. Ouvrier qui calfate les navires; 325. Faiseur de galoches; 326. Fanfaron; 327. Criait par les rues qu'il achetait la lie du vin pour en faire du vinaigre; 328. Faiseur de lanternes; 329. Marchand d'œufs et de volailles; 330. Chiffons; 331. Fleuves des Enfers antiques; 332. Moisi; 333. Faiseur d'objets en jais; 334. Qui écale les noix; 335. Rôtisseur; 336. Saucier; 337. Tourné; 338. Goudronneurs; 339. Héros d'un roman de chevalerie qui avait beaucoup de succès; 340. Le touret était un petit masque que portaient les femmes aux bains; il était maintenu par de la pommade et nettoyé après usage; 341. Héros des romans de la Table ronde; Gauvain apparaissait comme le plus parfait des chevaliers, l'homme du monde du XIIe siècle; 342. Marchand d'allumettes.

Godeffroy de Billon[343], dominotier[344],
Jason estoit manillier[345],
Don Pietre de Castille[346], porteur de rogatons[347],
Morgant[348], brasseur de byère,
Huon de Bordeaulx estoit relieur de tonneaulx,
Pyrrhus, souillart[349] de cuysine,
Antioche estoit rammoneur de cheminées,
Romule estoit rataconneur de bobelins[350],
Octavian, ratisseur de papier,
Nerva houssepaillier[351],
Le pape Jules, crieur de petitz pastéz, mais il ne portoit plus sa
grande et bougrisque[352] barbe,
Jan de Paris[353] estoit gresseur de bottes,
Artus de Bretaigne, degresseur de bonnetz,
Perceforest[354], porteur de coustretz[355],
Boniface pape huytiesme estoit escumeur des marmites,
Nicolas pape tiers estoit papetier,
Le pape Alexandre estoit preneur de ratz,
Le pape Sixte, gresseur de vérolle[356].

— Comment? (dist Pantagruel) il y a-il des vérolléz de par de là?

— Certes (dist Epistémon) je n'en veiz oncques tant; il en y a
plus de cent millions. Car croyez que ceulx qui n'ont eu la vérolle
en ce monde-cy l'ont en l'aultre.

— Cor Dieu! (dist Panurge) j'en suis doncques quite, car je y ai
esté jusques au trou de Gylbathar[357], et remply les bondes de
Hercules, et ay abatu des plus meures!

— Ogier le Dannoys estoit frobisseur de harnois[358],
Le roy[359] Tigranes estoit recouvreur[360],
Galien Restauré[361], preneur de taulpes,
Les quatre filz Aymon, arracheurs de dentz,
Le pape Calixte[362] estoit barbier de maujoinct,
Le pape Urbain, crocquelardon[363],
Mélusine estoit souillarde de cuysine,
Matabrune, lavandière de buées[364],
Cléopatra, revenderesse d'oignons,

---

343. Godefroi de Bouillon; 344. Faiseur de dominos; 345. Sonneur de cloches; 346. Pierre
le Cruel, roi de Castille; 347. Bulles ou reliques; quêteur; 348. Héros d'un roman de
chevalerie; 349. Souillon; 350. Savetier, réparateur de bobelins, souliers grossiers; 351. Pale-
frenier; 352. Bougresse; Jules II s'était remis à porter la barbe contrairement à l'usage qui
s'était établi; 353. Héros du roman qui porte ce même nom; 354. Béthis, roi de Grande-
Bretagne, ainsi nommé parce qu'il avait traversé une forêt enchantée; 355. Hottes de ven-
dange; 356. Passant les vérolés avec une pommade au mercure; 357. Bornes, colonnes qui,
selon les Anciens, marquaient le détroit de Gibraltar; 358. Fourbisseur d'armures; 359. D'Ar-
ménie; 360. Couvreur; 361. *Galien Rethoré*, héros d'un roman qui porte le même nom, il
voulait restaurer la chevalerie déchue par la mort des pairs à Roncevaux; 362. Calixte III,
cité par Villon, *Ballade des seigneurs du temps jadis*; 363. Pique-assiette; 364. Blanchisseuse.

Hélène, courratière de chamberières[365],
Sémiramis, espouilleresse[366] de belistres,
Dido vendoit des mousserons,
Panthasilée estoit cressonnière,
Lucresse, hospitalière,
Hortensia[367], filandière,
Livie, raclèresse de verdet[368].

« En ceste façon, ceulx qui avoient esté gros seigneurs en ce monde icy guaingnoyent leur pauvre meschante et paillarde vie là-bas. Au contraire, les philosophes et ceulx qui avoient esté indigens en ce monde, de par de là estoient gros seigneurs en leur tour.

« Je veiz Diogènes qui se prélassoit en magnificence, avec une grande robbe de pourpre et un sceptre en sa dextre, et faisoit enrager Alexandre le Grand, quand il n'avoit bien repetassé ses chausses, et le payoit en grands coups de baston.

« Je veiz Epictète vestu gualementent à la françoyse, soubz une belle ramée, avecques force damoizelles, se rigolant, beuvant, dansant, faisant en tous cas grande chère, et auprès de luy force escuz au soleil. Au-dessus de la treille estoient pour sa devise ces vers escriptz :

> Saulter, dancer, faire les tours
> Et boyre vin blanc et vermeil
> Et ne faire rien tous les jours
> Que compter escuz au soleil.

« Lors, quand me veit, il me invita à boire avecques luy courtoisement, ce que je feiz voluntiers, et chopinasmes théologalement. Cependent vint Cyre luy demander un denier, en l'honneur de Mercure, pour achapter un peu d'oignons, pour son souper. « Rien, rien, dict Epictète, je ne donne poinct deniers. Tiens, marault, voylà un escu, soys homme de bien. » Cyre feut bien aise d'avoir rancontré tel butin; mais les aultres coquins de royx qui sont là-bas, comme Alexandre, Daire, et aultres, le desrobèrent la nuict.

« Je veiz Pathelin, thésaurier de Rhadamanthe, qui marchandoit des petitz pastéz que cryoit le pape Jules, et luy demanda : « Combien la douzaine? — Troys blancs, dist le pape. — Mais (dist Pathelin) troys coups de barre! Baille icy, villain, baille, et en va querir d'aultres! » Le pauvre pape alloit pleurant. Quand il feut devant son maistre pâtissier, luy dict qu'on luy avoit osté ses pastéz; adonc le pâtissier luy bailla l'anguillade[369], si bien que sa peau n'eust rien vallu à faire cornemuses.

---

365. Courtière, tenant un bureau de placement pour les servantes; 366. Epouilleuse; 367. Fille de l'orateur Quintius Hortensius, célèbre par son discours en faveur des femmes menacées d'un impôt; 368. Vert-de-gris. On le fabriquait près de Montpellier en faisant macérer du cuivre dans du raisin sec fermenté; 369. Coups de fouet.

« Je veiz Maistre Jean le Maire qui contrefaisoit du pape et à tous ces pauvres roys et papes de ce monde faisoit baiser ses piedz, et en faisant du grobis[370] leur donnoit sa bénédiction, disant : « Guaignez les pardons, coquins, guaignez; ilz sont à bon marché. Je vous absoulz de pain et de souppe, et vous dispense de ne valoir jamais rien. » Et appela Caillette et Triboulet[371], disant : « Messieurs les Cardinaulx, dépeschez leurs bulles : à chascun un coup de pau[372] sus les reins. » Ce que fut faict incontinent.

« Je veiz Maistre Françoys Villon, qui demanda à Xercès : « Combien la denrée de moustarde? — Un denier », dist Xercès. A quoy dict ledict Villon : « Tes fièvres quartaines, villain! La blanchée[373] n'en vault qu'un pinart[374], et tu nous surfaictz icy les vivres? » Adonc pissa dedans son bacquet, comme font les moustardiers à Paris.

« Je veiz le franc archier de Baignolet, qui estoit inquisiteur des hérétiques. Il rencontra Perseforest pissant contre une muraille, en laquelle estoit painct le feu de sainct Antoine. Il le déclaira hérétique et le eust faict brusler tout vif, n'eust esté Morgant qui, pour son *proficiat*[375] et aultres menuz droictz, luy donna neuf muys de bière. »

Or dist Pantagruel :

« Réserve-nous ces beaulx comptes à une aultre foys. Seullement dis-nous comment y sont traictéz les usuriers.

— Je les veiz, dist Epistémon, tous occupéz à chercher les espingles rouillées et vieulx cloux parmy les ruisseaulx des rues, comme vous voyez que font les coquins en ce monde; mais le quintal de ses quinqualleries ne vault que un boussin[376] de pain; encores y en a-il mauvaise dépesche[377] : ainsi les pauvres malautruz sont aulcunesfoys plus de trois sepmaines sans manger morceau ny miette, et travaillent jour et nuict, attendant la foyre à venir; mais de ce travail et de malheurté y ne leur souvient, tant ilz sont actifz et maudictz, pourveu que, au bout de l'an, ilz gaignent quelque meschant denier.

— Or (dist Pantagruel) faisons un transon[378] de bonne chère et beuvons, je vous en prie, enfans : car il faict beau boire tout ce moys. »

Lors dégainèrent flaccons à tas[379], et des munitions du camp feirent grand chère, mais le pauvre roy Anarche ne se pouvoit esjouir. Dont dist Panurge :

« De quel mestier ferons-nous Monsieur du roy icy, affin qu'il soit jà tout expert en l'art quand il sera de par delà à tous les diables?

---

370. Faisant l'important; 371. Fou de Louis XII et fou de François Ier; 372. Pieu; 373. Quantité qu'on peut avoir pour un blanc, comme *denrée* est la quantité que l'on peut avoir pour un denier; 374. Denier de cuivre; aux Enfers la *denrée* est loin de valoir un denier; 375. Don de bienvenue fait aux évêques; 376. Morceau; 377. Débit; 378. Tranche; 379. En masse.

— Vrayement (dist Pantagruel) c'est bien advisé à toy. Or, fais en à ton plaisir, je te le donne.

— Grand mercy (dist Panurge) le présent n'est de refus, et l'ayme de vous. »

2. UNE VENGEANCE DE VILLON

COMMENT, À L'EXEMPLE DE MAISTRE
FRANÇOIS VILLON, LE SEIGNEUR DE BASCHÉ
LOUE SES GENS

Chapitre XIII

Chiguanous issu du chasteau et remonté sus son esgue orbe (ainsi nommoit-il sa jument borgne), Basché, soubs la treille de son jardin secret, manda querir sa femme, ses damoiselles, tous ses gens, feist apporter vin de collation associé d'un nombre de pastéz, de jambons, de fruictz et fromaiges, beut avecques eulx en grande alaigresse, puis leur dist :

« Maistre François Villon, sus ses vieulx jours, se retira à S. Maixent en Poictou, soubs la faveur d'un homme de bien, abbé dudict lieu. Là, pour donner passetemps au peuple, entreprint faire jouer la Passion en gestes et languaige poictevin. Les rolles distribuéz, les joueurs recolléz[380], le théâtre préparé, dist au maire et eschevins que le mystère pourroit estre prest à l'issue des foires de Niort; restoit seulement trouver habillemens aptes aux personnaiges. Les maire et eschevins y donnèrent ordre. Il, pour un vieil paisant habiller qui jouoyt Dieu le père, requist frère Estienne Tappecoue[381], secrétain des Cordeliers du lieu, luy prester une chappe et estolle. Tappecoue le refusa, alléguant que, par leurs statutz provinciaulx, estoit rigoureusement défendu rien bailler ou prester pour les jouans[382]. Villon réplicquoit que le statut seulement concernoit farces, mommeries et jeuz dissoluz, et qu'ainsi l'avoit veu practiquer à Bruxelles et ailleurs. Tappecoue, ce nonobstant, luy dist péremptoirement qu'ailleurs se pourveust, si bon luy sembloit, rien n'esperast de sa sacristie, car rien n'en auroit sans faulte. Villon feist aux joueurs le rapport en grande abhomination, adjoustant que de Tappecoue Dieu feroit vengence et punition exemplaire bientoust.

« Au sabmedy subséquent, Villon eut advertissement que Tappecoue, sus la poultre du couvent (ainsi nomment-ilz une jument

---

380. Passés en revue; **381.** Tape-queue; **382.** Les clercs n'avaient pas le droit d'assister aux farces, mais prêtaient parfois officieusement des ornements, pour les mystères.

non encores saillie), estoit allé en queste à Sainct Ligaire[383] et qu'il seroit de retour sus les deux heures après midy. Adoncques feist la monstre[384] de la diablerie parmy la ville et le marché. Ses diables estoient tous capparassonnéz de peaulx de loups, de veaulx et de béliers, passementées de testes de mouton, de cornes de bœufz et de grands havetz[385] de cuisine; ceinctz de grosses courraies[386], esquelles pendoient grosses cymbales de vaches et sonnettes de muletz à bruyt horrificque. Tenoient en main aulcuns bastons noirs pleins de fuzées; aultres portoient longs tizons alluméz, sus lesquelz à chascun carrefour jectoient pleines poignées de parafine en pouldre, dont sortoit feu et fumée terrible. Les avoir ainsi conduictz avecques contentement du peuple et grande frayeur des petitz enfans, finablement les mena bancqueter en une cassine[387], hors la porte en laquelle est le chemin de Sainct Ligaire. Arrivans à la cassine, de loing il apperceut Tappecoue qui retournoit de queste, et leurs dist en vers macaronicques :

> *Hic est de patria, natus de gente belistra,*
> *Qui solet antiquo bribas portare bisacco*[388].

« Par la mort diene! (dirent adoncques les diables) il n'a voulu prester à Dieu le père une paouvre chappe; faisons luy paour.

« — C'est bien dict (respond Villon); mais cachons-nous jusques à ce qu'il passe, et chargez vos fuzées et tizons. »

« Tappecoue arrivé au lieu, tous sortirent on chemin au davant de luy, en grand effroy, jectans feu de tous coustéz sus luy et sa poultre, sonnans de leurs cymbales, et hurlans en diable : « Hho, hho, hho, hho, brrrourrrourrrs, rrrourrrs, rrrourrrs! Hou, hou, hou! Hho, hho, hho! Frère Estienne, faisons-nous pas bien les diables?

« La poultre, toute effrayée, se mist au trot, à petz, à bondz, et au gualot, à ruades, fressurades[389], doubles pédales et pétarrades : tant qu'elle rua bas Tappecoue, quoyqu'il se tint à l'aube[390] du bast de toutes ses forces. Ses estrivières estoient de chordes : du cousté hors le montouoir son soulier fenestré[391] estoit si fort entortillé qu'il ne le peut oncques tirer. Ainsi estoit trainné à escorchecul par la poultre, tousjours multipliante en ruades contre luy et fourvoyante[392] de paour par les hayes, buissons et fosséz. De mode qu'elle luy cobbit[393] toute la teste, si que la cervelle en tomba près la croix Osanière; puys les bras en pièces, l'un çà, l'autre là; les jambes de mesmes; puys des boyaulx feist un long carnaige, en sorte que la poultre au convent arrivante, de luy ne portoit que le pied droict et soulier entortillé.

---

383. Près de Niort; 384. Espèce de défilé des artistes; 385. Crochets de cuisine; 386. Courroies; 387. Maison des champs; 388. Celui-ci est né de patrie, de race bélître, qui a coutume de porter des bribes dans un antique bissac; 389. Du verbe froisser; 390. Arçon; 391. Découpé de manière à former comme des fenêtres; 392. S'égarant; 393. Meurtrit.

« Villon, voyant advenu ce qu'il avoit pourpensé[394], dist à ses diables :

« — Vous jourrez bien, messieurs les diables, vous jourrez bien, je vous affie. O que vous jourrez bien! Je despite la diablerie de Saulmur, de Doué, de Mommorillon, de Langés, de Sainct Espain, de Angiers, voire, par Dieu! de Poictiers avecques leur parlouoire[395], en cas qu'ilz puissent estre à vous parragonnéz[396]. O que vous jourrez bien! »

« Ainsi (dist Basché) prévoy-je, mes bons amys, que vous dorénavant jouerez bien ceste tragicque farce, veu que à la première monstre et essay, par vous a esté Chiquanous tant disertement daubbé, tappé et chatouillé. Præsentement je double à vous tous vos guaiges. Vous, m'amie (disoit-il à sa femme), faictez vos honneurs comme vouldrez. Vous avez en vos mains et conserve tous mes thésaurs. Quant est de moy, premièrement je boy à vous tous, mes bons amys. Or çà, il est bon et frays! Secondement, vous, maistre d'hostel, prenez ce bassin d'argent : je le vous donne. Vous, escuiers, prenez ces deux couppes d'argent doré. Vos pages, de troys moys, ne soient fouettéz. M'amye, donnez-leur mes beaulx plumailz blancs, avecques les pampillettes d'or. Messire Oudart, je vous donne ce flaccon d'argent. Cestuy aultre je donne aux cuisiniers; aux varletz de chambre je donne ceste corbeille d'argent; aux palefreniers je donne ceste nasselle d'argent doré; aux portiers je donne ces deux assietes; aux muletiers, ces dix happesouppes[397]. Trudon, prenez toutes ces cuillères d'argent et ce drageouir[398]. Vous, lacquais, prenez ceste grande sallière. Servez-moy bien, amys, je le recongnoistray, croyans fermement que j'aymeroys mieulx, par la vertus Dieu, endurer en guerre cent coups de masse sus le heaulme au service de nostre tant bon roy qu'estre une foys cité par ces mastins Chiquanous, pour le passetemps d'un tel gras prieur. »

3. VILLON EN ANGLETERRE, QUART LIVRE, LXVII

Exemple aultre on roy d'Angleterre, Edouard le Quint. Maistre François Villon, banny de France, s'estoit vers luy retiré. Il l'avoit en si grande privaulté repceu que rien ne luy celoit des menues négoces de sa maison. Un jour le roy susdict, estant à ses affaires, monstra à Villon les armes de France en paincture et luy

---

394. Prévu; **395.** *Le parloir aux Bourgeois*, salle de l'hôtel de ville servant aux assemblées des échevins et de la faculté de droit, aujourd'hui occupée par la société des Antiquaires de l'Ouest; **396.** Comparés; **397.** Cuillers; **398.** Drageoir.

dist : « Voyds-tu quelle révérence je porte à tes roys françoys ?
Ailleurs n'ay-je leur armoryies qu'en ce retraict icy, près ma
scelle persée. — Sacre Dieu ! (respondit Villon) tant vous estes
saige, prudent, entendu et curieux de vostre santé, et tant bien
estez servy de vostre docte médicin, Thomas Linacer. Il, voyant
que naturellement, sus vos vieulx jours, estiez constippé du ventre et que journellement vous failloit au cul fourrer un apothé-
caire, je diz un clystère, aultrement ne poviez vous esmeutir,
vous a faict icy aptement, non ailleurs, paindre les armes de
France par singuliaire et vertueuse providence. Car, seulement
les voyant, vous avez telle vezarde[399] et paour si horrificque que
soubdain vous fiantez comme dix-huyct bonases[400] de Pæonie. Si
painctes estoient en aultre lieu de vostre maison, en vostre chambre, en vostre salle, en vostre chapelle, en vos guallleries ou
ailleurs, sacre Dieu ! vous chiriez partout sus l'instant que les
auriez veues. Et croy que si d'abondant vous aviez icy en paincture la grande Oriflambe de France, à la veue d'icelle vous
rendriez les boyaulx du ventre par le fondement. Mais, hen, hen,
atque iterum hen !

> Ne suys-je badault de Paris,
> De Paris, dis-je, auprès Pontoise ?
> Et d'une chorde d'une toise
> Sçaura mon coul que mon cul poise.

« Badault, diz-je, mal advisé, mal entendu, mal entendant, quand,
venent icy avec vous, m'esbahissoys de ce qu'en vostre chambre
vous estez faict vos chausses destacher. Véritablement je pen-
soys qu'en icelle, darrière la tapisserie ou en la venelle du lict,
feust vostre scelle persée. Aultrement me sembloit le cas grande-
ment incongru, soy ainsi destacher en chambre pour si loing aller
au retraict lignagier[401]. N'est-ce un vray pensement de badault ?
Le cas est faict par bien aultre mystère, de par Dieu ! Ainsi
faisant, vous faictez bien, je diz si bien que mieulx ne sçauriez.
Faictez-vous à bonne heure, bien loing, bien à poinct destacher.
Car à vous entrant icy, n'estant destaché, voyant cestes armoy-
ries, notez bien tout, sacre Dieu ! le fond de vos chausses feroit
office de lazanon, pital[402], bassin fécal et de scelle persée. »

---

399. Peur ; 400. Animal de Péonie, de la grandeur d'un taureau mais plus trapu ; 401. En
droit, le *retrait lignagier* était l'action par laquelle le parent d'une certaine ligne pouvait retirer
ou racheter l'héritage à un héritier étranger à la famille ; jeu de mots ici où retrait signifie aussi
cabinets ; 402. Ces quatre termes sont synonymes.

JUGEMENTS SUR FRANÇOIS VILLON

XVIe SIÈCLE

[Je suis d'advis] que les jeunes poètes cueillent ses sentences comme belles fleurs, qu'ils contemplent l'esprit qu'il avoit, que de lui apprennent à proprement décrire et qu'ils contrefassent sa veine, mêmement celle dont il use en ses ballades, qui est vraiment belle et héroïque; et ne fay doute qu'il n'eust emporté le chapeau de laurier devant tous les poètes de son temps, s'il eust été nourry en la court des roys et des princes, là où les jugements se amendent et les langues se polissent. [...]

Cl. Marot,
Préface des Œuvres de Villon (1532).

XVIIe SIÈCLE

Durant les premiers ans du Parnasse françois
Le caprice tout seul faisoit toutes les lois,
La rime au bout des mots assemblés sans mesure
Tenoit lieu d'ornement, de nombre et de césure.
Villon sut le premier, dans ces siècles grossiers
Débrouiller l'art confus de nos vieux romanciers.

Boileau,
Art poétique, Chant premier, v. 113 (1674).

XIXe SIÈCLE

[La tristesse de Villon] n'est jamais une sombre rêverie ou une misanthropie mécontente. C'est plutôt par goût d'imagination que par réflexion chagrine qu'il moralise sur la mort. L'égalité du charnier des Innocents plaît à sa muse comme quelque chose de grand et de poétique, voilà tout : car tout pauvre qu'il est, il n'a contre les grands et les riches ni envie, ni mauvaise humeur.

Saint-Marc Girardin,
Tableau de la littérature française au XVIe siècle (1826) [p. 54].

Villon a la qualité suprême : il a la mesure, le goût; il sait n'exprimer de ses sentiments que ceux qui lui sont communs avec tout le monde et garder pour lui ce qui n'est propre qu'à lui.

D. Nisard,
Histoire de la littérature française (1844) [I, III].

Un seul mot, une seule touche suffisent à Villon pour indiquer un personnage; il saisit le caractère distinctif avec une singulière sagacité; un nom et une épithète, et voilà un homme reconstruit de toutes pièces; les attitudes de ses figures sont indiquées d'une manière fine et précise qui rappelle Albert Dürer.

Théophile Gautier,
Les Grotesques (1844).

Je ne veux que mettre en garde sur un point : c'est de ne pas prêter à Villon plus de mélancolie qu'il n'en a eu, ni une tristesse plus amère. Ne venons pas prononcer à son sujet le nom de Bossuet, ni même celui de Byron... Villon a dit quelque part que *quand nous aimons ordure elle nous aime* (c'est le sens), et que *quand nous fuyons honneur il nous fuit*; mais il m'est impossible de découvrir là-dedans un cri de damné. Villon n'a pas de ces cris; il est de ce bon vieux temps où l'on s'accommodait mieux de son vice, et où on ne le portait pas avec de si grands airs, ni d'un front si orageux.

Sainte-Beuve,
Causeries du lundi (tome XIV, 1859).

XXᵉ SIÈCLE

S'il est vrai que le moi, en un certain sens, soit haïssable, il n'est pas moins vrai, dans un autre sens, qu'il possède un singulier et impérissable attrait. Ce qui a plu le plus charmé les lecteurs des XVIᵉ et XVIIᵉ siècles, dans l'œuvre du poète parisien, c'est son habileté à manier la langue et le vers, sa fantaisie imprévue, sa malice, son enjouement, son talent de description; aujourd'hui — sans que tous ces dons octroyés à l'auteur du *Testament* par la fée dont il se dit « extrait » aient perdu de leur prix à nos yeux —, ce qui nous attache le plus à lui, c'est ce qu'il nous a révélé de son cœur faible et ardent, de son âme mobile, de ses passions, de ses souffrances et de ses remords. Aux générations qui viendront après nous, d'autres aspects encore s'offriront peut-être qui les captiveront d'une façon nouvelle.

Gaston Paris,
François Villon (1901).

Avoir vingt-cinq ans; être très pauvre; éprouver qu'on a devant soi l'avenir que vous assurent la santé, la joie de vivre, de belles relations, un esprit vif, capable de désarmer l'homme le plus rigide, de faire réfléchir le plus sérieux, de surpasser en gaieté le plus joyeux; avoir le goût de la volupté décuplé par la pensée de la mort; éprouver qu'il y a un plaisir dans chaque chose, dans une chanson, dans un beau rythme, dans une rime étincelante; aimer l'aspect et le bruit du monde, le geste des hommes, comme on adore le tendre corps de la femme; savoir traduire toutes ces

impressions avec le sûr instinct de son oreille et de son cœur; se trouver dans
sa mauvaise fortune et dans ses amours semblable aux héros des livres
qu'on vient de lire, à ceux de la Bible, de la Grèce et de Rome; rêver de
posséder Didon, la reine de Carthage; rire du pédantisme et du fatras de
l'École; être jeune enfin en ayant déjà beaucoup vécu, observé toutes sortes
de conditions; pouvoir haïr de toutes les forces de son âme; se montrer bon
ou mauvais, suivant l'heure; se sentir à la fois d'Église et séculier; avoir
jusqu'à ce jour éprouvé toutes les gâteries d'un brave homme de chapelain
et la tendresse d'une pauvre femme de mère : tel pouvait être alors
vraisemblablement, au moral, l'état de Maître François Villon.

Pierre Champion,
François Villon (1913).

L'œuvre de Villon est l'image même de cette époque, que caractérise
admirablement la cathédrale. En effet, le *Grand Testament* nous apparaît
bien, proportions gardées, semblable à quelque cathédrale littéraire; l'ensemble tout d'abord retient les regards et l'esprit par ses justes proportions,
son élégance, la solidité de ses assises et de sa musculature; ensuite,
seulement, on s'amuse à détailler, sous les porches, la multitude des statues
et, accrochées aux flancs des tours, les gargouilles grimaçantes. Tous ces
hors-d'œuvre que sont les legs disparaissent dans la noblesse de la composition d'où émane le double parfum de la vie et de la mort. Comme les
flèches d'une cathédrale jaillie du sol, ce poème, avec ses deux méditations,
s'échappe brusquement du cœur torturé de François Villon.

J.-M. Bernard,
François Villon (1918).

[Villon] a fait un poème tel que nul, en France, n'en avait encore écrit. Sa
culture antérieure explique en partie l'aisance de son style, la correction de
ses huitains et de ses ballades; mais s'il dépasse de si haut ses contemporains, c'est qu'il ne s'embarrasse point de conventions ni de formules.
N'ayant rien ni personne à ménager, il peut dire tout ce qu'il pense; il ne
saurait tomber plus bas. Avec une sincérité qui ne recule ni devant le mot
propre, ni devant les aveux cyniques, il étale sur le papier ses désespoirs et
ses rancœurs. On devine ce que l'œuvre y gagne en puissance et en vérité;
ces « chants désespérés », d'un style ferme, pittoresque et nourri d'images,
sont la transcription savoureuse des sentiments d'un cœur qui s'analyse.
Continuellement aux prises avec la vie la plus difficile, Villon ne veut rien
connaître en dehors d'elle, et son ventre qui bat la charge lui interdit le jeu
des abstractions. Il n'a pas le loisir de se soustraire à la réalité, et, comme
elle s'impose à lui sous la forme la plus cruelle, il la peint telle qu'il la voit.

Robert Bossuat,
le Moyen Age (1955).

Jamais Villon ne marque les antithèses et ne heurte violemment les deux êtres qu'il sent en lui : l'homme déchu et le chrétien sauvé par l'intercession du Christ. Il indique son tourment, il le suggère. Avec une délicatesse et une politesse qui valent celles de Charles d'Orléans, il interrompt par un sourire tout développement qui lui paraît trop mélancolique.

Adrien Cart,
Villon. Poésies choisies (1955).

Qu'un poète génial, à qui nous reconnaissons une désinvolture de pensée, une spontanéité de sentiments et une originalité de style incontestables, n'ait point songé à balayer les règles de la versification et, sous prétexte de renouvellement, n'ait point cherché quelque formule insolite, voilà un exemple à méditer, et singulièrement cruel pour tous les novateurs inconsidérés de tous les siècles.

J. Passeron,
Villon. Poésies choisies (1960).

Que ceux qui cherchent surtout chez Villon un brutal anticonformisme veuillent bien reconnaître que, pour prendre une valeur artistique, la violence et le trouble doivent être dominés, autrement dit qu'au nombre de ses qualités maîtresses Villon, comme tous les grands créateurs, possède un goût sûr et beaucoup de tact! D'ailleurs n'avons-nous pas dû mettre à son actif une vertu qu'à première vue on était tenté de lui refuser, la pudeur, qui est une forme de la timidité et de la discrétion?

[...] En un temps où le pathologique cesse d'être opposé au normal, où les mystères du moi profond ne font plus peur, la fréquentation de Villon est donc naturellement recherchée. Elle devrait être salutaire pour tous, à condition toutefois de faire un effort d'objectivité, c'est-à-dire de ne pas trop « moderniser » l'auteur du *Lais* et du *Testament*. Car, si l'on tombe dans ce travers, on risque d'aggraver « le mal du siècle » dont on souffre au lieu d'y trouver remède. Ce remède, le vrai Villon peut l'offrir aux autres, même s'il l'a pour lui-même refusé. Car il nous rappelle à sa manière, quoi qu'on en ait pu dire, les limites de la condition humaine et les périls qu'on court à vouloir les oublier. Il ne conseille pas plus la révolte que le désespoir, dont il faudra bien que le monde moderne un jour se lasse ou se libère. Loin des paradis artificiels et des colères métaphysiques, loin des sarcasmes amers et des bavardages vains, chercher ici-bas des satisfactions paisibles et saines en attendant qu'un jour les consolants tableaux qu'on peint sur les églises deviennent une bienheureuse réalité, serait-ce donc la suprême recommandation que destine à ses frères le déconcertant écolier?

Pierre Le Gentil,
Villon (1967).

Le *Testament* est-il une œuvre très complexe, polyvalente, ou a-t-on tort de le trop compliquer? Est-il optimiste ou profondément désespéré, fait de pièces et de morceaux ou habilement construit? Faut-il privilégier l'aspect érotique, voire obscène, en tirer même une philosophie de la nature, ou penser qu'il ne s'agit que d'une apparence trompeuse qu'il convient de dépasser? Villon fut-il pervers ou naïf, dissimulé ou sincère? Fut-il l'homme d'amours de rencontre, plutôt vulgaires, ou d'une grande passion qu'il tenta d'oublier? Fut-il le protecteur de la Grosse Margot, ou bien sa ballade n'est-elle qu'une bravade ou une pièce du procès qu'il intente à Thibaut d'Aussigny? Ses plaisanteries sont-elles méchantes ou, au contraire, héritées du milieu des clercs, perdent-elles beaucoup de leur venin? L'hémistiche *je ris en pleurs* n'est-il que la formule usée d'un jeu poétique, ou l'expression pertinente d'un tempérament d'artiste et d'une âme déchirée par les contradictions? Poète cultivé ou poète populaire, est-ce à la couleur que Villon fut plutôt sensible, ou au mouvement?

Jean Dufournet,
Villon et sa fortune littéraire (1970).

Il ne rit point en pleurs pour la bonne raison qu'il ne pleure pas dès qu'il fait œuvre d'artiste. Son inquiétude très réelle, profonde même, en face de l'incompréhension de ses juges, de l'égoïsme et du bonheur injustifié des riches, ne lui arrache aucune invective et le laisse libre de sourire. Il se complaît, manifestement, à évoquer les biens qui lui manquent; sans aucun doute il tire un vif plaisir poétique des tableaux qu'il en donne. L'énigme de Dieu n'est pas pour lui l'occasion d'un tourment métaphysique.

R. L. Wagner,
Lecture de Villon (le *Testament*, v. 89-328,
in « Mélanges Frappier » [1970]).

SUJETS DE DEVOIRS ET D'EXPOSÉS

● La pitié dans Villon.

● Le sentiment de la mort dans l'œuvre de Villon.

● La religion de Villon.

● Quel serait selon vous le dernier mot de la « philosophie » de Villon?

● Villon, poète chrétien.

● Villon, poète parisien.

● La personne de Villon dans son œuvre poétique.

● Etudiez le huitain octosyllabique, strophe préférée de Villon; montrez avec quelle aisance il sait en utiliser toutes les ressources.

● L'esprit de Villon.

● Vous étudierez la *Ballade des dames du temps jadis*. Vous essaierez de montrer ce qui fait l'originalité et la beauté de l'œuvre de Villon. Vous pouvez vous inspirer des passages suivants d'un critique du XIXᵉ siècle :

« La source première [de ce passage] est plus haut que chez Villon : elle est dans saint Bernard et dans d'autres auteurs de la grande époque du Moyen Age... Saint Bernard, notamment dans une psalmodie *Sur le mépris du monde*..., s'était longtemps demandé : *Où est le noble Salomon? où est Samson l'invincible*, etc.?

« ... Et il continuait sa question pour les païens : *Où est César? Où est Cicéron?*... L'honneur de Villon, son originalité, sa gentillesse d'esprit est donc principalement dans ce refrain si bien trouvé, si bien approprié à la beauté fugitive et qui s'écoule en si peu d'heures : *Mais où sont les neiges d'antan?* » (Sainte-Beuve [*Causeries du lundi*, XIV].)

● Faisant allusion aux « premiers ans du Parnasse français », Boileau a déclaré que

> « Villon sut le premier, dans ces siècles grossiers,
> Débrouiller l'art confus de nos vieux romanciers. »

On a beaucoup souri, et médit, de ce jugement. Tout compte fait, ne se trouvait-il pas d'une remarquable sûreté?

● Le concile de Bâle a condamné la fête des Fous en 1431. Avec son sens de la Folie, de la Fantaisie et de la Fête, Villon ne se situe-t-il pas au-delà de la Sagesse, de la Déraison et de la Foi, au croisement, à vrai dire inimaginable pour nous, d'un homme, d'un monde qui finit et d'un monde qui naît? N'est-il pas l'exemple premier et parfait d'un type de poète que tout, de Marot à Descartes, va rendre pour longtemps si difficile, et peut-être à jamais impossible? N'a-t-il pas, avec deux ou trois de nos écrivains, et des plus grands, le privilège de sembler unique et, sinon de créer, de constituer un univers?

TABLE DES MATIÈRES

IMPRIMERIE HÉRISSEY. — 27000 - ÉVREUX.
Mars 1973. — Dépôt légal 1973-1er. — No 24147. — No de série Éditeur 9532.
IMPRIMÉ EN FRANCE (Printed in France). — 34 958 X-9-79.